존중

초장수기업이 선택한 핵심가치

존중
●
초장수기업이 선택한 핵심가치

펴낸날   초판 1쇄 2016년 12월 1일

지은이   장인정
펴낸이   서용순
펴낸곳   이지출판

출판등록   1997년 9월 10일 제300-2005-156호
주 소   03131 서울시 종로구 율곡로 6길 36 월드오피스텔 903호
대표전화   02-743-7661   팩스   02-743-7621
이메일   easy7661@naver.com
인 쇄   (주)꽃피는청춘

ⓒ 2016 장인정

값 15,000원

ISBN 979-11-5555-055-7 03320

이 도서의 국립중앙도서관 출판시도서목록(CIP)은 서지정보유통지원시스템 홈페이지(http://seoji.nl.go.kr)와
국가자료공동목록시스템(http://www.nl.go.kr/kolisnet)에서 이용하실 수 있습니다.(CIP제어번호: CIP2016024469)

존중

초장수기업이 선택한 핵심가치

장 인 정 지음

이지출판

존중, 경쟁력을 높이는 힘

세계 기업들의 평균수명은 단 13년. 30년이 지나면 80%의 기업이 사라진다고 한다.[*] 오늘도 새로운 회사가 생기고 사라지며 살아남기 위한 절박한 생존게임이 이어지고 있다.

조직의 성패에 영향을 주는 기업의 조건은 여러 가지다. 그중 수많은 직원들이 함께 생각하고 행동할 수 있도록 기업의 운영방식을 지배하는 것은 조직문화다. 조직문화 속에서 직원들은 회사에서 요구하는 행동방식에 대해 암시적인 메시지를 인지하고 배우며 강화해 나간다.

많은 한국 기업들이 글로벌 기업으로 뻗어나가는 것은 자랑스러운 일이다. 한국인만의 저돌적인 도전정신과 성취욕은 또 다른 50년, 혹은 100년 지속적인 성장을 꾀할 수 있는 저력이 되리라 믿는다. 다만 글로벌

● 100년 기업의 조건, 케빈 케네디, 메리 무어, 이진원 옮김, 한스미디어, 2003

기업으로 발돋움하기 위해서는 도전정신과 더불어 각 기업에서는 핵심적이고 일관된 조직문화를 시스템화하는 것이 매우 중요하다.

종합과학회사 듀폰DuPont이 200년 넘는 초장수기업으로 성장해 온 이면에는 변함없이 유지되어 온 핵심가치가 있다. 그 핵심가치 중 하나가 다름을 가치로 여기는 존중이다. 서로의 다름에 대해 존중하며, 그 차이를 포용하고, 그 기반에 새로움을 얹어 경쟁력을 창조해 내는 문화, 이것은 한국이 글로벌화하며 만들어 가야 할 과제다. 많은 사람들이 존중의 가치를 되짚어보고 실천하여 다양성을 포용할 때, 우리 문화 수준은 한 단계 더 발전하리라 생각한다.

듀폰에서 16년간의 경험을 기반으로 존중의 효과와 힘을 보고 배우고 느낀 것을 이 책에 담았다. 존중은 개인의 존재가치를 극대화하는 삶의 자세이자 이 시대를 살아가는 성공 열쇠다. 물론 조직 내에서뿐만 아니라 가정과 사회에서도 존중은 우리 품격을 높이는 힘이다.

이 책을 읽고 함께 존중하는 조직과 사회에 동참하기를 결정했다면, 당신은 경쟁력을 높이는 탁월한 선택을 한 것이라 믿는다.

Part 1

●

존중은 성공의 열쇠

초장수기업이 선택한 존중의 가치

"듀폰은 200년이 넘은 초장수기업인데, 그 성공 비결이 뭐예요?"

듀폰의 핵심가치 중 하나인 '인간존중'의 아시아태평양지역 대표로 일해 온 나는 이렇게 답한다. 그 회사는 변해야 하는 것과 변하지 않는 것의 균형을 잘 잡았기에 초장수기업이 될 수 있었다고.

지난 2세기 동안 듀폰은 시대에 맞는 기업 성장전략으로 늘 변화를 모색해 오고 있지만 핵심가치는 200년이 넘도록 변하지 않았으며, 그 핵심가치는 곧 회사의 행동방식이 되었다. 시장의 니즈에 맞게 비즈니스 포트폴리오를 화약·화학·생명과학으로 바꾸고, 내부적으로는 고객과 시장에 대처하기 위한 효율적인 조직구조로 끊임없는 변화를 꾀했다.

그럼에도 듀폰은 이런 변화 속에서 회사의 문화와 행동양식인 핵심가치를 일관되게 유지해 왔다. 즉 안전/환경, 윤리, 인간존중의 네 가지 핵심가치가 회사의 DNA로 조직원들의 행동과 사고를 결정하는 기반이 되고 있다. 그리고 이처럼 지속되는 가치는 초장수기업 듀폰을 더 빛나게 하고 있다.

듀폰의 네 가지 핵심가치 중 '인간존중'은 직원들이 즐겁고 행복하게 일하는 문화를 만드는 중심에 있다. 또한 그곳에 근무하는, 혹은 그 회사를 거쳐 간 많은 이들이 자랑스러워하고 또 애정을 갖고 있다.

존중은 함께 얽혀 있는 사람이 서로 관계하는 방식이기에 이를 하나의 시스템, 즉 조직문화로 형성해 가는 데 많은 시간이 걸린다. 인간관계는 객관적인 사실이나 프로세스처럼 옳고 그름을 쉽게 가릴 수 있는 경우가 드물기 때문이다. 다른 핵심가치는 명확하게 흑백을 가리고 정책을 마련하고 지침을 세우는 등 아주 오래전부터 방대하게 체계화되어 있다. 그에 반해, 사람들과의 관계가 연결되는 인간존중은 핵심가치로 문화적인 영향은 있었으나 그 체계의 깊이와 일관성 면에서는 나라마다 차이가 있었던 것이 사실이다. 그래서 인간존중 가치를 전세계적으로 일관되게 체계화하고 시스템화하기 위한 글로벌 프로젝트를 실시하기에 이르렀다.

내가 이 글로벌 프로젝트의 첫 단계부터 아시아태평양지역 대표로 참여하게 되었을 때 각 나라에 있는 많은 직원들이 격려해 주었다. 그 중 아직도 기억에 남는 말이 있다.

"나중에 당신 딸이 커서 이 회사를 알게 되고 조직문화가 직원들에게 얼마나 큰 영향을 미치는지 알게 될 때, 그 문화의 틀을 잡고 깊이 있게 만든 것이 자기 엄마라는 것을 알면 무척 자랑스러워할 거예요."

내 가슴을 뜨겁게 울렸던 이 말은 그 일을 하면서 개인적 사명감과 자부심을 갖게 한 원동력이 되었다.

요즘처럼 경쟁이 심화되고 변화가 빠르고 불확실한 시대에는 기업이 지속적으로 성장하도록 포트폴리오를 만드는 것이 중요하다. 지식기반사회에서 제4차 산업혁명으로 전환되는 시점에서 많은 기업들은 각 구성원의 마음을 얻고 구성원들이 회사에 더 몰입할 수 있게 하는 것이 더욱더 중요해졌다. 이때 '존중'은 머리를 맞대고 열린 마음으로 다양한 생각을 이끌어 내는 포용적인 환경을 만드는 기반이 된다. 이를 바탕으로 그들의 열정과 몰입도를 높여 상생을 통한 협력이 있을 때 조직의 성과로 이어질 수 있다.

최근 인사분야에서의 핫 이슈도 조직문화와 직원 몰입이다. 국내에서도 조직문화에 대한 관심도가 어느 때보다 높다. 한국의 여러 변화 속에서 기업경쟁력을 더욱 강화하기 위해 존중, 다양성 그리고 포용은 많은 회사들이 조직문화를 고민하고 강화하는 데 도움이 되리라 생각한다.

돌이켜보면 나의 지난날은 다음 세대 직원들이 그 가치와 문화를 더 잘 누리기를 바라는 마음에서 개인적 애정과 노력을 쏟았던 시절이다. 더군다나 존중을 기반으로 다양성과 포용, 직원 몰입을 강화하는 통합업무를 하며 나의 인생 이정표에도 큰 획을 그어 준 셈이다. 존중이 조직의 문화로서 뿐만 아니라 아니라 개인의 행복하고 의미있는 관계를 만들어 가는 데 중요한 해결책을 제시한다. 이 장에서의 나눔이 가정과 사회가 더 나은 모습으로 가는 데 지름길이 되리라 믿는다.

다르다 vs 틀리다

나는 2000년 1월 듀폰 아시아태평양 인재개발부에 입사했다. 그동안 국내 기업에서만 경험을 쌓아 왔기에 외국계 회사의 조직과 문화에 대해서는 거의 무지한 상태였다. 그럼에도 입사 바로 다음 날부터 해외 출장을 가게 되었다. 다른 문화 배경을 가진 사람들과 일한다는 것 자체가 어색하고 어려울 수밖에 없는 순간이었다. 하지만 존중을 핵심 가치로 두고 있는 듀폰의 조직문화는 그런 나의 두려움과 어색함을 지속적인 성장의 자극제로 바꾸어 주었다.

첫 해외 출장지는 홍콩이었다. 일본, 호주, 대만, 홍콩, 중국, 한국 사람들이 모여 직원 교육에 대한 전략과 연간 계획을 세우는 회의였다. 거기서 나는 첫 교육프로그램을 직원들 앞에서 영어로 진행해야 했다. 다국적 기업들의 사내 공용어는 영어인데, 영어를 많이 사용해 보지 않은 나는 교육 내용도 잘 모르는데 영어로 진행까지 해야 했으므로 며칠 밤잠을 설칠 만큼 낯설고 막막했다.

홍콩 가는 비행기 안에서 상사는 빠르고 간결하게 회사 문화에 대해 설명해 주었다. 그중 내 귀에 쏙 들어온 말은, 듀폰의 문화는 서로의 다름을 인정한다는 것, 그리고 서로의 다름을 더 적극적으로 알리는 것이 일을 잘하는 방법이라는 것이었다. 영어가 서툴더라도 두려워 말고 자신 있게 자기 의견을 전달하라는 조언도 잊지 않았다. 국내 기업에서 일하다 다국적 기업으로 건너온 내게 '틀리다'가 아니라 '다르다'는 것은 너무 신선하고 강력한 가르침이었다.

　자신 있게 하라는 응원의 소리를 들어서인지 며칠 달달 외운 덕인지 나는 첫 프로그램을 무난히 진행했다. 프로그램 개선을 위한 팀원들의 의견도 틀림이 아닌 다른 의견으로 들으니 아주 감사한 마음으로 받을 수 있었다. 그렇게 첫 출장지인 홍콩에서의 짧은 경험을 통해 다국적 기업에서 배워야 할 다른 관점의 감사함을 자연스럽게 배우게 되었다.

　나는 이런 다름의 가치를 널리 알리기 위해 신입사원교육(사실 대부분의 직원들은 국내 기업이나 다른 외국계 기업에서 근무한 경력 직원들이다.) 프로그램을 진행할 때 가장 먼저 '틀리다'와 '다르다'의 차이점에 대한 질문을 시작으로 얘기를 나누었다. 국내 기업에서 다국적 기업으로 이직한 많은 사람들이 겪는 문화적 충격 중의 하나는, 상사가 지시를 명료하게 내려 주는 것이 아니라 각 개인의 생각을 중시한다는 점이다.

　국내 회사에서 상사의 명확한 지침과 피드백을 듣고 따르다가, "당신의 의견은?" "어떻게 진행하길 원하느냐?" 같은 간접적인 물음과 다양한 의견을 구하는 상사의 모습은 낯설어울 수밖에 없다. 권위적이고 수직적인 문화에서 자율성과 권한 위임이 잘 이루어진 수평적인 회사로의 이동은 많은 이들에게 문화적 충격으로 와 닿는다.

어릴 적부터 사지선다형 문항 중 맞는 답을 찾아내는 데 익숙하고, 항상 맞는 답만을 얘기해야 하는 강박 속에 살아온 우리에겐 다른 의견을 제시하거나 사람들 의견 속에서 나의 의견을 개진한다는 것은 어려운 일이다. 더군다나 내 생각과 다른 의견을 존중하며 받아들이는 것은 쉽지 않다. 그래서 특히 모든 신입사원들에게 빼놓지 않고 주는 팁은 다름을 인정하고 존중해야 한다는 것이다.

그러기에 직원 개개인이 조직의 전체적 방향 속에서 스스로 업무수행방식이나 과정을 선택·결정해 나가는 자기주도성을 인정하고 더 나아가 이를 권장하는 것이 글로벌 기업문화를 갖추는 첫 단추가 된다. 그렇게 나는 다른 시각과 다른 생각이 영감을 주며, 이를 가치있게 포용하는 것이 진정한 존중이란 것을 알게 되었다. 나의 존중에 대한 여행은 이렇게 '틀리다와 다르다'의 작은 차이를 이해하는 것에서 시작되었다.

존중의 의미

    유전학적으로 각 개인의 성격과 취향이 다르다고 해도 유사한 유전자를 갖고 있는 인간이라는 점에서는 같다. 문화, 경제적 배경, 성장해온 교육환경이 달라도 인간이기에 누구에게나 발현되고 적용되는 것들이 있다. 그것은 인간의 공통된 욕구인데, 사랑받고 인정받고 존중받고자 하는 것이다.

    우리는 주어진 환경에 대처하기 위해 자신의 자원 중 상황에 가장 적절한 것을 찾아 선택할 수 있는 능력을 갖고 있다. 이를 인간이 갖고 있는 무한한 가능성이라고 할 수 있는데, 곧 인간은 자유로움 속에서 가장 적절한 자원을 찾아 계속 변화하고 발전하고 성장한다. 그렇기 때문에 인간은 그 존재만으로 존엄성을 지니며, 서로의 공통점과 차이점을 인식할 수 있고, 서로 다름이 갖고 있는 무한한 가능성을 존중함으로써 공동의 발전을 도모할 수 있다.

    존중이라는 영어 단어는 'rcspect'을 뜻하는 고대 라틴어 'respectus'

에서 비롯되었다. 're'는 '되돌아'의 의미를, 'specere'는 '본다'의 의미를 갖는다. 되돌아보기, 되돌아볼 정도로 따라하고 싶음의 뜻이다.● 메리엄 웹스터Merriam Webster에 따르면 존중이란 다음과 같다.

▶ 누군가를 좋고, 가치있고, 중요하게 생각하는 느낌 a feeling of admiring someone or something that is good, valuable, important, etc.
▶ 누군가는 중요하고 진지하며 또한 적절하게 대우받아야 한다는 이해와 느낌 a feeling or understanding that someone or something is important, serious, etc., and should be treated in an appropriate way

사전적 의미를 벗어나 존중은 각 개인마다 다르게 해석되고 정의된다. 듀폰에서의 인간존중 가치의 표현 양식은 여러 차례 변화하며 그 깊이를 더해 왔다. 처음 존중에 대한 가치 재정비 작업을 할 때 존중의 정의와 해석을 떠올리며 막막했던 기억이 떠오른다. 고작 있는 그대로 봐주기, 잘 들어주기 정도가 그때 떠오른 생각이었다. 특히 한국에서는 존중에 대한 내재된 의미들을 끄집어내는 것이 쉽지 않았다.

그래서 초반에는 직원들이 존중의 의미를 자연스레 떠올려보고 명시화하는 것에 중점을 두기 위해 브레인 라이팅Brain Writing법을 사용했다. 즉 종이에 타이틀을 '존중의 의미'라고 쓴다. 5~6명이 한 팀을

● 리스펙트, 데보라 노빌, 위즈덤하우스, 2010

이루어 한 명이 제일 먼저 생각나는 존중의 의미를 쓰고, 옆사람에게 종이를 넘긴다. 그 종이를 받은 사람은 제일 먼저 쓰여 있는 의미에 업그레이드 된 생각을 쓰거나 아니면 다른 생각을 쓰도록 하여 생각을 확장시켜 가는 기법이다.

처음에는 나들 종이를 받아들고 한참 생각했다. 겨우 '잘 들어주기' 혹은 '친절하게 대하기' 등 한두 가지를 적고 다음 사람에게 넘겼다. 이렇게 몇 번 진행했는데 속도가 유난히 더뎠다. 여러 사람의 생각을 보고 적고 또 생각하고 이를 여러 번 하고 나서야 직원들은 존중에 대한 의미를 구체화할 수 있었다. 그때 초반에 나왔던 존중에 대한 의미는 다음과 같다.

- ▶ 남을 배려하는 것
- ▶ 잘 들어주는 것
- ▶ 차이를 이해하는 것
- ▶ 나 아닌 것에도 관심을 표명하는 것
- ▶ 나처럼 생각하는 것
- ▶ 상대방을 귀중하게 대하기
- ▶ 고맙다고 인사하기
- ▶ 다름을 받아들이는 것
- ▶ 대접받고 싶은 대로 타인을 대하는 것
- ▶ 칭찬하기

그리고 그 존중의 의미와 이해는 갈수록 더 깊어지고 방대해졌다.

존중의 시작, 관점의 차이를 인식하는 것

나에게는 두 딸이 있다. 작은 아이와 비슷한 나이 때의 큰아이 사진을 보면 신기하리만치 닮았다. '이래서 피는 못 속이는구나' 싶은 생각이 든다. 그런데 신기한 건 두 딸은 비슷하면서도 참 다르다는 점이다. 좋아하는 것도, 표현하는 방식도 다르다.

실제로 같은 환경에서 자란 형제자매들이 같은 사건이나 장면을 보고 다르게 해석하는 것을 종종 보게 된다. 이것은 사건과 장면, 세상을 바라보는 관점이 다르기 때문이다. 혹자는 우리가 서로 다른 필터를 갖고 있기 때문이라고도 한다.

요즘 유행하는 어느 오디션 프로그램에서는 참가자들의 실력을 다른 가수의 노래를 자기만의 필터를 통해 자기만의 색깔 있는 노래로 소화해서 부르는 것으로 판단한다. 어느 경우에나 어떤 것을 보고 어떻게 느끼는지에 대해 각각의 필터가 있는 셈인데, 사건이나 장면을 어떤 필터로 읽느냐에 따라 해석도 그에 따른 반응도 다르게 나타난다.

한 가정에서 자란 형제자매에게 유사한 면과 차이점이 공존하는 것은 오랜 시간 누적되어 온 인생의 사건들, 자라면서 배우고 느끼면서 형성된 믿음의 가치체계 속에서 각자 세상을 쳐다보는 필터가 다르고, 그에 따른 관점들이 다르기 때문이다.

환경과 유전의 영향에 대한 사회심리학자들의 연구 중에 일란성 쌍생아 연구가 있다. 일란성 쌍생아는 하나의 수정관에서 시작하니 두 아이의 유전적 특성이 일치한다. 이렇게 유전적으로 동일한 쌍생아 7천여 쌍의 인생을 다양한 지표를 가지고 연구하였다. 성격의 50%, 즉 개인적인 행복감, 소극성, 사회적 역량, 스트레스 반응, 몰입도, 성취력 등 쌍생아들의 유전적 요인에서 기인하지만 나머지는 환경적 요인에 의해 결정된다고 한다. 그만큼 우리는 자라온 환경에서 많은 영향을 받고 있는 것이다.

또한 뇌과학자들은 인간의 뇌는 선천적으로 타인의 관점을 이해하지 못한다고 한다. 수많은 경험과 교육을 통해 다른 사람이 나와는 다른 생각과 의견을 가질 수 있다는 사실을 이해하고 인정하는 인지적 능력을 갖는다고 한다.● 서로의 관점을 이해하는 데 우리는 평생 살아가면서 배우며 성장해 가는 것이다.

나는 아침마다 가족들을 깨우기 위해 음악을 튼다. "아침이야, 일어나. 학교 가자. 회사 가자"라고 말한 적도 있으나, 한두 번 반복하다

● 내 머릿속에선 무슨 일이 벌어지고 있을까, 김대식, 문학동네, 2014

목소리가 높아지고 그러다가 소리를 지르게 되어 아침부터 분위기가 엉망이 된 경우가 종종 있었다. 그래서 목소리 대신 음악을 틀어 놓았더니 잠결에 들려오는 음악 소리에 아침이 밝았음을 알고 스스로 일어나게 되었다. 관점은 새로운 시각도 선사하지만, 관점을 바꾸면 되지 않던 일도 잘 해결된다.

이때 즐겨 듣는 클래식 라디오 프로그램이 있다. 아침을 깨워 주는 아름다운 음악과 세상의 흥미로운 이야기를 들려 줘 우리 가족의 아침 시간을 즐겁고 유익하게 해 준다.

지난 정월 대보름날 여기서 소개해 준 얘기는 관점에 관한 것이었다. 내용을 확인하고 싶어 다시 방송을 들어봤을 정도다. 달은 하나지만 이를 바라보는 관점은 나라마다 다르다. 우리나라에서는 방아 찧는 토끼를 떠올린다. 일본, 인도, 중앙아시아에서는 달을 우리나라와 마찬가지로 토끼, 페루는 두꺼비, 스페인에서는 당나귀, 유럽 남부에서는 책을 들고 있는 소녀, 중국에서는 한쪽 집게를 치켜든 게의 모습을 떠올린다고 한다. 그런데 여기에는 반전이 있다. 우리가 보는 달은 모두 달의 '앞면'이라는 것이다. 달의 공전과 자전주기가 같아서 지구에서는 달의 한쪽면만 볼 수 있기 때문이란다. 지구에는 앞뒷면이 없는데 달에만 앞뒷면이 있는 것은, 순전히 지구인의 관점인 셈이다.

듀폰 인재개발부에 근무하던 나는 일 년에 서너 번 동아시아권 리더십 교육 프로그램 운영진으로 참여했다. 그 프로그램을 통해 한국, 중국, 일본, 대만 사람들과 같이 일주일 동안 다양한 리더십에 대한 내용을 가르치고 배우며 교류하였다. 우리는 항상 프로그램 전후에 교육 내용을 준비하고 업그레이드하고 평가하며 대상과 니즈에 맞는 교육을 실시하기 위해 다양한 노력을 기울였다.

한번은 팀워크에 대한 모듈 논의를 하는데 팀 내에 의견 차가 발생했다. 일부의 의견은, 팀워크에 대한 모듈을 과거에도 진행해 본 적이 있는데 그때 참석자들의 피드백이 긍정적이지 않아 없애기로 결정했다는 것이다. 또 일부는 교육 니즈가 시기마다 다르고 기업 변화를 고려할 때 팀워크는 매우 중요한 역량이므로 다시 재생하자는 의견이었다.

마침 팀원 한 명이 자신이 잘 진행할 수 있다고 자신감을 보였다. 그때 팽팽한 의견 대립으로 팀 긴장도는 지금도 기억할 정도로 높았다. 그때 팀내의 의견을 묵묵히 지켜보고 있던 리더가 팀에게 질문을 던졌다. "우리 전체 프로그램에 전달하고자 하는 3P Purpose, Process, Product는 무엇인가?" 전체 프로그램의 취지가 리더십 개발을 위한 것이며 특히 다른 배경의 팀원들을 잘 이끌어 성과를 내는 능력이 필요하다는 것을 다시 한 번 확인했다.

결국 그 모듈을 새롭게 정비하여 참석자들에게 소개하기로 결정했다. 교육 후 참석자들의 반응은 너무나 뜨겁고 긍정적이었다. 프로그램 사후 논의에서 반대 속에서도 다른 관점을 굽히지 않은 팀원들에게 우리는 다함께 감사를 표했고, 단시간 내에 내용을 정비하고 교육을 진행한 팀원에게도 함께 축하를 했다. 또한 프로그램을 운영하면서 우리는 과거 경험 속의 배움도 중요하지만 참석자들에 따라 니즈나 기대치가 달라질 수 있다는 가능성을 항상 생각해야 한다는 것을 배웠다.

다른 관점의 가치를 알고 있는 리더는 어느 조직에서도 잘 어울리고 조직을 역동적으로 관리할 수 있다. 아시아태평양 비즈니스를 총괄

하는 벨기에 출신의 한 리더는 다양한 멤버들로 구성된 팀을 선호했다. 그가 남자들로만 구성된 단일팀을 맡았을 때는 구성원들이 총책임자의 의견에 반대의사를 표현하기보다 유사한 의견을 내고, 잘 다듬어진 결과물을 내기보다 서로 미루는 성향을 보였다. 그런데 남녀가 적절히 섞인 리더십팀을 구성한 이후 다양한 의견이 나오고, 미팅 후 폴로 업을 진행하는 데도 진척이 있었으며, 더 나은 팀워크를 경험했다고 한다. 또한 그는 본인의 성공 요인을 유럽에서의 경험과 다른 관점이 아시아에서 비즈니스를 성장시키는 데 도움이 되었다고 한다.

이렇게 주변에서 보고 듣고 경험하는 것들이 우리 생각과 관점 형성에 많은 영향을 미친다. 어릴 적부터 가정에서 학교에서 사회에서 자신이 들어온 얘기들, 경험한 일들 그리고 녹아드는 가치관 등이 관점의 차이가 된다.

어찌 보면 각 개인마다 다른 관점을 가질 수 있다. 또한 이러한 관점의 차이는 너무나 자연스러운 것이며, 누가 옳고 그른 것도 아니며, 어떠한 일관된 방향이 있는 것도 아니다. 중요한 것은 우리가 얼마나 서로 다른 시각에 관심을 갖고 받아들일 준비가 되어 있고, 다른 시각을 존중하고, 함께 녹아들 수 있도록 포용할 수 있느냐다. 다른 관점이 때론 갈등의 요소가 될지언정, 갈등이 서로의 다른 점을 털어놓게 하고, 함께 머리를 맞대고 논의함으로써 개선의 여지를 준다. 또한 새로운 가능성과 기회를 가져다준다.

주변을 둘러보자. 당신은 사람들과 어떤 관점의 차이를 발견하게 되는가. 그리고 얼마나 잘 이해하고 수용하고 있는가.

존중이라 믿고 있는 것들, 그것은 오해

오랜 시간 회사의 핵심가치로 존재해 온 '존중'이지만 그 해석은 한동안 단편적이었다. 서로에게 친절하게 잘 대하는 것이 존중이라 인식되고 있었다. 가령 좋은 말로 잘 대해 주고, 배려해 주고, 이해하는 것으로 말이다. 그럼 이런 것들이 진정한 존중일까? 일반적으로 사람들이 존중에 대해 잘못 생각하고 있는 것들이 있다.[*]

무조건 친절하게 잘 대해 주는 것이 존중은 아니다

인간은 혼자서는 살아갈 수 없는 존재이기에 우리 삶에서 타인과의 관계는 항상 중요한 자리를 차지한다. 『세상의 모든 행복』[**]이라는 책은 전 세계 100명의 행복전문가들이 행복에 관해 연구한 것을 정리한

---

[*] Myths about the principle of "Respect for People" by Jamie FIlnchbaugh on Dec. 7. 2011 재구성
[**] 세상의 모든 행복, 레오 보만스, 노지양 옮김, 흐름출판, 2012

것인데, 결론은 관계가 건강한 사람이 행복하다는 것이다. 그래서 사람들은 잘 대하는 것을 중요하게 생각한다. 일반적으로 부드러운 말투와 웃는 눈빛으로 상대방에게 친절을 베풀고 편안하게 대하는 것이 존중이라고 여긴다.

서로 친절하게 잘 대해 주는 것은 인간관계에서 필요한 부분이다. 하지만 이것이 진정한 존중의 의미라고 하기엔 뭔가 부족함이 있다. 단순히 잘 대해 주는 것을 넘어서는 것이 진정한 존중의 길이라고 생각한다.

그런데 대부분 진정한 존중을 보이기보다 그저 잘 대해 주는 것에 그치는 경우가 종종 있다. 예를 들어 직원들에게 웃으면서 따뜻하게 대하지만 정작 성과, 팀워크, 혹은 태도에 문제가 있는데 사실을 전달하는 것조차 '좋게 대해 주기'에 묻혀 버리곤 한다. 특히 저성과자들인 경우, 있는 그대로 사실 전하기, 건설적인 피드백 건네기, 바람직하지 않은 행동과 행위 수정 요청하기 등 어렵고 심각한 대화과정을 거쳐야만 실질적인 개선이 이루어지는 일에는 용기를 내지 않고 회피한다. 상대방이 상처받을까 봐 피드백을 제대로 못 전해 주는 경우는 진정으로 상대방을 생각하고 존중하는 것이 아니다. 그것은 솔직하지 않고, 확실하지 않고, 문제 해결을 회피하는 것에 불과하다.

갈등을 피하는 것만이 존중이 아니다

누군가와 부딪치고 갈등을 겪는 것을 좋아하는 사람은 없을 것이다. 사람들은 감정적으로 부딪치게 되면 그 어색함을 무척 불편하게 여긴다. 그러다 보니 자연스레 갈등이 일어나는 상황을 피하게 된다. 특히 남의 이목을 중시하고 주변 사람들과 원만한 관계를 중시하는 우리 문화 속에서 "좋은 게 좋은 거지" 하고는 참거나 부딪치는 것을 피하려 한다. 또는 남에게 싫은 소리를 듣지 않으려고 대충 분위기를 맞춰 주기도 한다. 그럼에도 돌아서서는 불만이나 아쉬움이 쌓인다. 어찌 보면 갈등은 기본적으로 존중과는 대치되는 용어인 셈이다.

보다 나은 관계와 환경을 만드는 데 갈등의 기회를 긍정적으로 해석할 필요가 있다. 서로 부딪친다는 것은 서로 다른 생각과 견해가 있다는 것이다. 이 차이를 잘 살펴보면 많은 경우 새로운 이해나 혹은 좋은 해결책을 알게 되기도 한다. 서로 다른 의견을 내놓는 데는 그만한 이유가 있다. 갈등을 피하고 원만한 관계를 유지하는 것이 존중이 아니다. 갈등을 직면하고 다른 의견을 듣고 문제를 해결해 나가는 것이 존중이다.

긍정적인 피드백만 주는 것은 존중이 아니다

일반적으로 잘 대한다고 하면 긍정적으로 대하는 것을 생각한다. 하지만 회사에서 피드백을 전달할 때 항상 긍정적인 것만 전달한다면 진정으로 그 사람이 새로운 것을 배우고 발전할 수 있을까? 듀폰에서는 실제 성과관리Performance management가 무엇인지, 어떻게 저성과자들을 대하고 문제를 해결하는 것이 진정한 존중인지 매니저를 대상으로 다양한 교육을 실시했다.

아시아권을 넘어 다른 문화권 사람들과 일할 때 도전적인 부분이 있다. 그중 하나가 다른 문화를 아우를 수 있는 리더십이다. 아시아권에서 일 잘하기로 소문이 자자하던 한 리더가 유럽과 미국, 라틴아메

리카를 관할하는 글로벌 팀을 이끌었다. 그는 다른 사람들이 함께 있는 전화 회의에서 한 직원에게 개인적인 피드백을 전했다. 그 직원은 성과에 문제가 있어 성과개선 프로그램을 진행 중인 상태였고, 그의 나라에서 해 왔듯이 어떤 점이 잘못되었는지 어떻게 고쳐야 하는지 따끔하게 얘기한 것이다.

우리나라 같으면 충분히 그럴 수 있는 상황이며 어쩌면 많은 곳에서 일어나는 상황일 수도 있다. 나름대로 피드백을 상세히 전달하려는 것이 그의 의도였다. 그러나 피드백을 받은 직원은 다른 동료들이 있는 곳에서 지적을 받았다는 것에 상당히 불쾌해했다. 무엇보다 상사의 적절하지 않은 언어 표현에 대해서 불만을 토로했다. 더군다나 그 직원의 문화권에서는 사람들 앞에서 한 개인을 꼭 집어 비판하는 것은 바람직하지 않았다.

누구에게나 실수는 있는 법, 그 리더에게는 효과적인 피드백이 무엇인지, 피드백을 언제 어떻게 전달하는 것이 좋은지, 또한 다른 문화권에서는 어떤 점을 고려해야 하는지 등 여러 가지 피드백이 전해졌다.

그는 처음에는 좋은 의도를 가지고 당연히 리더가 해야 할 일을 했기 때문에 피드백을 받아들이려 하지 않았다. 하지만 다양한 문화 배경을 가진 직원들을 이끄는 데는 더 열린 마음이 필요하고, 다른 문화에 더 민감해야 한다는 점을 이해하고 나서야 그 피드백을 받아들였다. 이 사례를 교훈 삼아 그는 글로벌 리더로 계속 발전해 나가 지금도 손에 꼽히는 존경받는 리더 중 한 명이 되어 있다.

존중은 에너지가 필요해

　요즘 뇌에 대한 여러 가지 연구와 실용 분야에 대한 시도들이 많다. 뇌에서 일어나는 다양한 생리학적·화학적 과정뿐만 아니라, 그 과정이 우리 삶에 있어 복잡한 사고, 감정, 능력 등에도 다양한 영향을 미친다는 것이 매우 흥미롭다. 이에 대한 관심과 흥미는 내가 브레인 트레이너 자격을 갖게 한 동기가 되었다.

　우리 뇌를 구성하고 있는 가장 기본적인 구성요소는 '뉴런'이라는 신경세포다. 태아부터 엄청난 속도로 생겨나는데 성인의 뇌에는 약 1,000억 개의 뉴런이 있다고 한다. 이 뉴런들을 연결하는 '시냅스'라는 신경망을 통해 서로 신호를 보낸다. 이러한 빠르고 복잡하고 역동적인 활동에 따라 우리는 새로운 것을 배우고 알아간다.
　나는 매일 아침 명상을 하면서 내 머릿속의 뉴런들에 연결된 시냅스들이 전기처럼 뻗어나가는 상상을 하며 뇌가 빵빵해지는 느낌을 받는다. 우리 인간은 눈에 보이지 않는 속도로 다양한 결정을 내린다. 누군가를 만나 나와 유사한 사람인지 아닌지, 함께 말을 섞어야 할 사람인지 아닌지, 처음 만난 사람이 나를 존중하는지 아닌지, 내가 친근함을 표현해도 될 사람인지 아닌지 등에 대한 것도 한순간에 결정되는 건 우리 생존 본능에서 기인하는 것이다. 실제 뇌과학자들은 0.001초에 우리 뇌는 이미 의식적인 처리를 거쳐 결정을 내린다고 한다. '눈 깜짝할 새'가 여기서 나온 말이지 싶다.

외국계 기업에 근무하면서 해외 출장 기회가 많았다. 대부분 아시아권으로 가지만 일 년에 한두 번 미국 출장을 다녀왔다. 한 번은 LA에서 비행기를 갈아타야 하는데 시간이 너무 많이 남아 어디선가 눈을 붙이고 싶은 생각이 들었다. 그때는 미국 출장이 익숙지 않아 왠지 어색하고 불편하고 약간의 불안감도 있었다. 게이트 주변을 돌다가 겨우 자리를 잡은 곳은 검은머리에 몸이 자그마한 동양인이 몇 명 앉아 있는 곳이었다. 나 역시 순식간에 나와 같은 머리색, 까만 눈동자와 비슷한 체구의 동양인들인지 아닌지 살펴보고 판단한 것이다. 일본어나 혹은 중국어만 들려도 안도의 한숨과 함께 편안함마저 느껴졌다.

우리는 눈으로 보고 순식간에 결정한다. 그래서 우리와 유사한 사람들을 만나고 싶어하고 함께 뭉쳐 다니며 그룹을 만드는 것이 자연스럽다. 이렇게 순식간에 나와 비슷한 사람인지 편안한 사람인지 긴장해야 할 사람인지를 파악하는 생존 본능은 나와 유사한 사람과 함께 있고 싶고 일하고 싶은 욕구를 만들어 낸다.

또한 사회심리학의 연구 결과를 보면 나이 들수록 세계관과 사회·

경제적 지위, 미적 취향이 다른 사람과 만나서 이야기하는 것이 점점 불편하고 힘들어진다고 한다. 얘기할 수 있는 소재의 범위가 좁아지고, 내가 좋아하고 편안한 주제들로 좁혀지게 된다. 그러다 보니 자신과 유사하지 않거나 편안한 주제가 아닌 것들은 피하게 되고, 생각과 취향이 비슷한 사람과는 더욱 마음 편한 대화를 나누고 위안을 얻게 된다.

이를 달리 생각하면, 나와 다른 사람을 만나고 새로운 관계를 시작하고 유지하는 데는 평소와는 다른, 그리고 더 많은 의도적인 노력과 에너지가 필요하다는 뜻이 된다. 자연스럽게 이해가 되지 않고 다르게 반응하고 비슷하게 생각하지 않기에, 그 다름을 이해하고 상대방을 알기 위해 다가가는 노력, 질문하고 관심을 보이고 들어주고 다름을 이해하고 함께 공감하는 노력을 해야 한다. 사람이 관계를 만들어 나가는 데 뭔가 보여 주고 나눠 주고 쏟아부어야 하는 에너지가 필요한 것이다. 나와 다른 상대방에게 존중을 표현하는 데 나의 의도적인 노력과 에너지를 쏟아부이야 한다.

존중은 용기가 필요해

존중은 간단해 보이고 어찌 보면 쉽게 느껴질지 모른다. 그러나 막상 실천하려고 하면 애매하고 복잡하고 어려운 것이 존중이다. 또한 존중은 용기가 필요하다.

존중에 대한 가치를 재정립하는 과정에 조직 내의 일시적인 혼란기가 있었다. 특히 매니저들 사이에서 그러한 현상이 뚜렷했다. 존중에 대한 전반적인 기대치가 올라가고 직원들의 인지도 및 자신감이 높아지면서 직원들의 목소리도 자연스럽게 높아졌다. 직원들은 매니저에게 자기 생각을 솔직하게 얘기하기 시작했다.

"이번 회의에서 했던 상사의 발언에 대해 저는 불편하고 적절하지 않았다고 생각합니다. 다음번에는 좀 더 신경써 주시면 고맙겠습니다."

"저는 한 해 동안 부서에 많은 기여를 했다고 생각하는데, 제가 왜 가장 낮은 점수를 받아야 하나요?"

매니저들은 변화된 직원들의 태도에 어려움을 겪기 시작했다.

"존중하지 않는 행동에 대해 매니저들만의 잘못이라고 할 수 있나요? 직원들은 어떻죠?"

"존중에 대한 요구 사항들이 너무 많아지다 보니 가끔 직원들과 얘기하는 것을 기피하게 될 때가 있어요."

"가끔 솔직한 피드백을 전달하려다 직원이 인격손상사고로 보고할까 봐 두려울 때가 있어요."

실질적으로 사람들과 관계를 맺으며 일을 해 나가는 도중에는 과연 이것이 존중하는 행동인지 아닌지에 대한 의구심이 들 때가 있다. 그때가 존중에 대한 대화를 나눠 볼 수 있는 절호의 기회이기도 하다. 예를 들어, 성과에 대해 논의하면서 상사와 직원 간 의견차를 겪는 경우, 일을 해 나가는 도중에 서로 다른 의견이 있다거나, 혹은 단순한 오해나 갈등이 발생하는 경우도 있다. 매니저에겐 저성과자들을 다룰 때 그런 의구심이 생기곤 한다.

사실 회사에서는 저성과자에 대한 고민과 갈등이 있는데 어느 누구도 나서서 처리하려 하지 않아 팀 성과에까지 영향을 미치는 경우가 있다. 잘 대해 줘야 한다는 이유로 피드백을 전하거나 이직을 권하는 조치들이 미루어져 결국 이러지도 저러지도 못하는 난감한 상황에 봉착하는 경우가 허다하다. 직원이 자진해서 혹은 좋은 기회를 찾아서 퇴사하는 경우도 있지만, 때에 따라서는 회사와 직원에게 아주 어려운 결정을 해야 하는 경우도 있다. 그럴 때는 모두 힘들다.

그때 나는 이렇게 질문한다.

"과연 이 결정은 누구를 위한 것인가? 회사 아니면 그 직원? 다른 직원들은 회사의 결정에 대해 뭐라고 생각하겠는가?"

왜냐하면 성과가 되었든 그 외의 다른 이유가 되었든 회사에 오래 있으면서 어려움을 겪는 것보다 그 직원의 재능을 살리고 인정받을 수 있는 다른 곳으로 갈 수 있도록 도와주는 것이 그를 진정 위하는 것이라고 생각한다. 내가 다닌 회사는 역사가 깊고 제반 시스템이 아주 잘 갖춰져 있었다. 그래서 체계적이고, 보수적이며, 꼼꼼하게 프로세스를 챙기고, 예의 바른 직원들이 많으며, 그런 직원들이 모여서 유사한 문화를 더욱 강화해 왔다.

한번은 조금 다른 유형의 직원이 입사했다. 변화를 좋아하고, 감정표현이 자유롭고, 자기 의견을 잘 드러내며 창의적이지만 프로세스를 챙기는 것이 꼼꼼하지 않은 사람이었다. 그는 첫날부터 실수를 했고, 챙겨야 할 프로세스를 놓치는 경우가 생기다 보니 스스로 어려움을 느껴 결국 회사를 떠났다.

하지만 다른 회사로 이직하고 난 후 다시 만났을 때, 그는 일 잘하고 유능하고 그 회사에서 자랑스런 직원이 되어 있었다. 그의 강점인 창의성과 표현력과 함께 이전 회사에서 배운 체계적 실행력이 뒷받침되어 더 빠르게 성장하는 모습을 보였던 것이다. 직원을 잘 대하는 것도 중요하지만 진정한 존중은 항상 잘 대하는 것만이 능사는 아니다.

직원에게 정확한 성과에 대한 목표와 기준치를 세우고, 그에 따른 열리고 직접적이며 솔직한 피드백을 전하는 것은 매니저의 역할이며 책임이다. 존중하는 매니저는 직원의 능력을 있는 그대로 봐주고, 또한 그에 따른 가능성도 볼 수 있도록 도와준다. 현실을 직시하게 도와주고 그 사람의 성장가능성에 초점을 맞춰 준다. 만약 저성과를 보이는 직원이 있다면 회피하지 않고 용기를 내어 그에 맞는 적절한 조치를 취한다.

성과와 직원의 직무능력이 부서에 맞지 않는다면 "당신은 현재 자리에게 기대되는 능력을 충분히 발휘하지 못하고 있으니 자신의 능력을 가장 잘 보일 수 있는 곳을 함께 찾아보자"는 진정한 피드백을 주고 그 직원이 잘 될 수 있도록 도와준다. 그래서 존중에는 용기가 필요하다.

그런데 피드백을 줄 때는 사실 피드백을 주는 사람이 먼저 준비가 되어 있어야 한다. 피드백을 전하기 전에 내 자신이 모범이 되고 있는지 충분히 살펴봐야 한다. 또한 피드백 준비뿐만 아니라 어떻게 전달할지에 대한 전달과정에 대한 고민도 필요하다. 이것은 상대방을 존중하기 때문에 그런 수고를 아끼지 않는 것이다. 그래서 피드백을 선물이라고도 표현한다. 선물을 할 때는 받을 사람을 생각하며 정성스럽게 골라 깔끔하게 포장해서 주는 것이 바로 상대방을 진정으로 위하는 것이다.

한번은 직원인사권에 대한 회의가 열렸다. 미국에서 비즈니스 담당 사장, 중국에서 아시아태평양 사장, 그 직원의 상사, 그 나라 인사팀이 모여 열띤 논의를 했다. 듀폰은 매트릭스 조직으로 인사권에 대한 논의를 할 때는 그 직원이 있는 나라뿐만 아니라 부서에 있는 상사까지 합의 하에 결정을 내린다. 각 멤버들은 발생한 인사사고에 대한 내용을 여러 차례 듣고 난 후 직원의 향방에 대한 논의를 하는데, 당시 안건에 대해서 서로 의견이 많이 달랐다. 그래서 어떻게 사건을 종결할지에 대해 의견이 여러 갈래로 나뉘었다. 그때 미국의 한 멤버가 "I respectfully disagree your opinion"이라며 자신의 의견이 다름을 개진했다. 각 멤버들은 그 회의에서 서로 의견이 어떻게 다른지, 왜 다른지 설명하는 데 많은 시간을 할애했다. 결국 서로 의견에 어느 정도 차이는 있었지만, 그 직원이 명백하게 회사의 정책을 위반한 것은 아니지만 회사에서 계속 개발하고 투자할 인재상이 아니라는 점에서 모든 멤버들이 동의하기에 이르렀다.

일반적으로 상대방과 내 의견이 다를 때, 그냥 넘어가는 것이 아니라 다른 생각이 있다는 것을 솔직하게 표현하는 것이 좋다. 그렇지 않으면 "이 사람이 이전 일 때문에 아직도 마음이 안 풀렸나?" 혹은 "왜 내 의견에 토를 달지?"라고 생각할지 모른다. 나의 의견에 동의하지 않고 다른 입장을 폈다는 것만으로 마음이 상하기 일쑤다. 그래서 그런지 수직적인 문화에서 힘의 영향으로 자신의 의견을 표현하지 않고 상사나 조직의 의견에 따르는 경우를 종종 보곤 한다. 자신의 의견을 표현하는 것도 자신의 몫에 대한 일종의 기여를 하는 것으로 생각하면 어떨까.

모든 사람이 자신의 의견이 있듯이 다른 의견이 있다면 솔직하게 정중하게 표현하는 것이 상대방을 존중하는 것이다. 생각이 어떤 점에서 다른지 부연 설명하는 것은 상대방과 존중 어린 대화를 하는 방법이다. 또한 다른 생각과 그 연유에 대해 들음으로써 미처 생각하지 못한 다른 생각까지도 함께 머리를 맞대고 생각할 수 있다. 우리는 주변 사람들에게 좋게 보이기를 바라고 싫거나 쓴소리 하는 것을 두려워하는지도 모르겠다. 그래서 누군가는 두려움을 벗어나는 것이 용기라고 표현한다. 존중은 나와 상대방의 있는 그대로의 모습을 보며, 잘 될 수 있도록 진정 원하는 것이다. 용기를 내는 것이다.

존중, 나의 내면이 원해

하버드대 에이미 커디 교수는 동료들과 함께 15년 이상 '첫인상'에 대한 연구를 진행했다. 최근에 발표한 책을 보면, 처음 사람을 만나는 순간 두 가지 기준으로 상대방을 평가한다고 한다. 즉 '내가 상대방을 신뢰할 수 있는가?' '이 사람이 나를 존중하는가?' •이다.

회사에서 직원을 뽑거나 혹은 고객이나 동료를 만날 때는 그의 전문적인 지식, 능력, 역할 등 일과 관련하여 만나게 된다. 하지만 더 오랜 관계를 위해서 사람들이 눈여겨보는 부분은 상대방이 나를 존중할 것인가에 관한 것이다. 이는 우리가 학교에서 한 번쯤 듣고 배운 매슬로의 욕구와도 연결된다. 매슬로의 5단계 욕구 중 '인정받고 싶은 욕구', '존경받고 싶은 욕구'는 4단계에 속할 만큼 높은 가치를 지닌다.

우리가 각자 어떤 욕구들이 있는지 인지하고 솔직해지는 건 아주

● Amy Cuddy, Presence, Harvard Review, Jan. 16, 2016 by Jenna Goudreau

중요하다. 왜냐하면 이런 개인적인 욕구를 들여다볼 때 어떻게 충족시킬지에 대한 고민을 하게 된다. 그리고 이러한 욕구들이 충족될 때 비로소 내 자신이 충만하고 행복해진다. 우리가 누군가에게 존중 어린 행동을 한다는 것은 가장 기본적인 인간의 욕구를 충족시켜 주는 일이다.

존중에 대해 논의할 때 직원들에게 언제 존중받았다고 느끼느냐고 질문하곤 했다. 다른 나라 사람들에 비해 한국 사람은 이 질문에 좀 더 오래 침묵하는 편이다. 아직 우리 저변에는 상대방에게 인정받고 싶어 하는 욕구의 다른 표현인 존중받고 싶은 욕구를 잘 인식하지 않고 있는 것 같다. 항상 정답만을 말해야 하는 문화 속에 있는 우리는 각자의 생각에 따라 다르게 해석할 수 있는 의미에 대한 생각들이 조금은 부담스러웠을 수도 있다. 가령 나의 존재를 알아줌으로써 인정받고 싶은 욕구, 나의 의견이 의미 있고, 나의 능력이 훌륭하다고, 남들 앞에서 인정받고 싶은 욕구 등을 말이다.

일상에서도 마찬가지다. 아이들을 키우다 보니 육아 관련 프로그램을 찾아볼 때가 있다. 어느 날 EBS 다큐프라임 '초등성장보고서'에서 초등학교 고학년, 중학생들의 학교생활과 그들의 고민을 보여 주었다. 거기서 아이들은 자신의 존재감이 인정되는 것을 행복의 기준으로 보고 있었다. 아이들이 생각하는 존재감이란 '내가 하는 말이나 행동을 친구들이 알아주는 것', '내가 하는 말에 친구들이 귀 기울여 주고 맞장구 쳐주고 관심을 가져주는 것', '선생님이 나를 기억하고 관심을 갖고 아는 척해 주는 것' 등이었다.

그 프로그램을 보면서 아이들의 학교생활과 사회 생활이 다를 것이 없다는 생각을 했다. 존중에 대해 성인이 되고 나서 깊이 있게 생각하고 느끼고 표현하지만, 아이들이 학교생활에서 원하는 모습이 바로 존중에 대한 것이며, 어릴 적부터 존중을 더 깊이 이해하고 잘 알았더라면 내 생활이 얼마나 많이 바뀌었을까 하는 생각을 해 보았다.

너 많은 사람들이 우리 인간은 내적으로 인정받고 존중받고 싶은 욕구가 꿈틀대고 있다는 것을 느꼈으면 한다. 그러한 욕구들에 솔직할 때 우리는 더 좋은 존중하는 환경을 만드는 생각거리와 자극제를 만난다. 존중, 인정, 존재감, 가치에 눈을 열고 마음이 바라는 것이 무엇인지 좀 더 솔직해 보자. 우리 마음의 소리에 가까워지려는 노력이 우리가 존중하는 사회로 가는 지름길이다.

자아존중감이 존중에 도움이 될까

우리는 늘 사람들과의 관계 속에서 살아간다. 아침에 눈을 뜨면 가족과의 관계, 집 밖을 나서면 이웃들과의 관계, 직장에서는 상사, 동료와의 관계, 주말에 동호회 모임을 가면 같은 취미를 가진 사람들과의 관계 등이 있다. 이 중에 나와 유사한 사람이 있는가 하면 다른 사람도 너무나 많다. 그렇다 보니 나와 다른 사람들과 어울리며 존중을 표현하기 위해서는 자신의 자아존중감이 어떤지 살펴보는 것이 중요하다.

진정한 존중은 자신을 존중하는 데서 시작한다. 자아존중감이란 자신이 사랑받을 만한 가치가 있는 소중한 존재이고 어떤 성과를 이루어 낼 만한 유능한 사람이라고 믿는 마음이다.[•] 자아존중감이 있는 사람은 정체성을 제대로 확립할 수 있고, 정체성이 제대로 확립된 사람은

● 아이의 자존감, 정지은, 김민태, 지식채널, 2011

자아존중감을 가질 수 있다.

자아존중감은 자신이 사랑받을 만한 가치 있는 존재이며 그럴 만한 능력이 있는지에 대한 자신감이 모여 자신에게 갖는 느낌이다. 자아존 중감은 객관적이고 중립적인 판단이라기보다 주관적인 느낌이다. 자신을 객관화하는 것은 자아존중감을 갖는 첫 단추다.[●] 간단히 이 자아 존중감은 가치, 능력, 통제 이렇게 세 가지 차원으로 이루어져 있다.

가장 먼저, 가치의 차원은 내가 나를 가치 있다고 생각해서 얼마나 긍정적으로 판단하고 좋아하는지, 혹은 다른 사람들이 자신에 대해 얼마나 가치 있다고 여기고 좋아하는지에 대한 평가의 차원이다. "나는 내가 좋아" 혹은 "사람들은 나를 좋아해" 같은 것이 평가 차원의 예다.

두 번째, 능력의 차원은 나에게 맡겨진 과제나 내가 정한 목표를 완수하고 성취할 수 있다고 생각하는 믿음이다. 예를 들어 "나는 숙제를 늘 잘 해", "나는 내가 하고 싶은 일을 끝까지 해낼 수 있어"와 같다.

세 번째, 통제의 치원은 내가 주변에서 벌어지는 상황에 영향을 미칠 수 있고 통제할 수 있다고 느끼고 믿는 정도를 말한다. 통제 차원에서 자신을 부정적으로 평가하는 사람은 "나는 무슨 일을 해도 안 돼.

● Working Group on Student Experiences, Study on Womens' Experiences at Harvard Law School (Cambridge, MA:Working Group on Student Experiences, February 2004), http://www.law.harvard.edu/students/experiences/FullReport.pdf/ Kimberly A.Daubman, Laurie Heatherington, and Alicia Ahn, "Gender and the Heatherington et al., "Two Investigations of "Female Modestry' in Achievement Situations," Sex Roles 29, nos.11–12(1993):739–54
Sylvia Beyer, "Gender Differences in Causal Attributions by College Students of Performance on Course Examniations,"Current Psychology 17, no.4(1998):346–58

운이 안 따라주니까"라고 생각하겠지만, 긍정적으로 평가하는 사람은 "내가 이 상황에서 할 수 있는 일은 이거야. 이걸 내가 잘 해낸다면 상황이 나쁘게 흘러가지는 않을 거야"라고 생각할 것이다.•

이러한 자아존중감은 나이가 들면서 삶에서 겪는 다양한 이벤트를 기반으로 그 수준과 성격이 달라진다. 나 역시 지난 일을 돌이켜볼 때 "아, 그때는 나의 자아존중감이 좀 낮은 때였구나. 그래서 그렇게 행동했구나"라고 생각될 때가 있다. 흥미 있는 사실은 이러한 자아존중감이 주변인과의 상호작용 또는 문화적 환경, 그리고 성차에 따라서도 차이점을 보인다는 것이다.

건강한 자아존중감은 상대방에게 존중을 표현하는 데 있어서 근간이 된다. 타인에게 존중을 보인다는 것은 다른 의견이나 입장, 관점의 차이를 있는 그대로 받아주는 것이며, 또한 다르거나 비판적인 의견이 있을 때 자신이 생각하는 바를 가감없이 표현하는 것이다. 건강한 자아존중감은 본인이 실수할 수 있다는 것을 알면서도 자기 입장과 의견을 소신있게 개진하도록 한다. 또한 사람들에게 본인이 갖고 있던 많은 정보를 공유하며 협동할 수 있는 심리적 근간이 되어 주며, 자신의 부족함을 드러내고 새로운 것들을 적극적으로 배울 수 있는 기회를 만들어 준다.

이런 일이 있었다. 일 잘하기로 소문난 고 상무가 부서장으로 승진한 지 얼마 안 되어 외국에서 부서 사장이 방문했을 때의 일이다. 이틀간

• Curry & Johnson, 1990, 박경자 등에게 재인용

전반적인 비즈니스 전략과 그간의 성과, 고객사와의 미팅, 직원들과의 간담회 등을 준비했다. 그는 개인적 성과가 좋았고, 어떤 일이든 안 풀리던 것도 잘 풀리게 하는 능력을 가진 리더였다. 문제는 부서장이 되고 난 후 직원들과의 관계였다. 고 상무는 직원들과 어떻게 하면 부서 성과를 잘 보여 줄지 고민하며 수차례 미팅을 했다.

그러나 문제는 회의 당일 날, 부서 전원과 외국에서 방문한 부서 사장이 있는 자리에서 한 직원이 비즈니스 성과에 대해 발표하는데 고 상무가 분석과 결론 부분이 잘못되었다고 지적을 한 것이다. 부서 사장은 그가 지적한 내용에 동의했지만, 발표하는 직원의 얼굴은 벌겋게 달아올랐고 회의장엔 냉기가 흘렀다. 고 상무와 회의 전에 발표 내용을 함께 논의한 후였고 그때는 아무 말이 없었는데, 막상 회의에서 그가 자기 의견을 피력했던 것이다. 발표 때 당혹함을 감추지 못했던 그 직원은 미팅이 끝난 후 서럽게 울었고, 상사인 고 상무에 대한 신뢰를 잃었으며, 분노감에 너무 속상해했다.

팀원들과 고 상무의 상사인 사장 앞에서의 다른 행동은 자아존중감으로 해석할 수 있다. 자아존중감이 건강하지 않은 사람은 기본적으로 내면이 불안정하다. 그러다 보니 상황에 따라 대인관계에서도 이중적인 태도를 보이며 관계가 매끄럽지 않을 가능성이 있다. 이들은 다른 사람들이 자신을 어떻게 보는지에 상당히 민감하다. 혹은 다른 사람을 지나치게 공격적으로 대함으로써 상대를 감정적으로 해치는 경우가 발생하기도 한다. 때로는 자기 의견을 상대방에게 또렷하게 전달하지 못하는 소심한 태도를 보일 가능성이 높다. 그리고 자기합리화가 높은 편이라 문제가 발생하면 남을 탓하거나 자기합리화로 자신이 두드러져 보이게 하는 데 관심이 높다. 또한 이런 이중적인 태도가 힘이 있거나 혹은 없는 사람인 경우에 다르게 나타나는 경우가 있다. 그래서 사람들과 관계가 원만하지 않고 종종 불협화음이 발생한다.

  또 한 가지 사례로 중요한 프로젝트를 진행하던 직원이 있었다. 그는 각 나라별로 여러 정보를 받아서 보고서를 제출해야 했다. 한 팀원인 다른 나라 직원에게 여러 번 메일을 보냈는데도 답을 주지 않아 무척 힘들어 했다. 직접 전화해서 프로젝트에 필요한 자료와 내용에 대해 얘기하고 도움을 요청했다. 전화상으로는 바로 보내 줄 것처럼 반응하였으나 그 후에도 답변은 오지 않았다. 그래서 자료 요청 메일을 그 직원의 상사와 같이 보냈더니 바로 답변이 와서 놀랐다고 한다. 이런 경우는 주변에서 많이 볼 수 있다.

  회사에서 직원을 채용할 때 대부분 2차, 3차 면접을 거쳐 신중하게 뽑는다. 면접 때도 여러 명의 면접관이 다양한 시각에서 회사와 부서에 적합한 인재인지를 평가한다. 가끔 아주 능력 있고 뛰어난 후보자인데 정작 함께 일할 상사가 마음에 들어하지 않는 경우가 있다. 드러내놓고 얘기하지는 않지만 상사는 자기보다 뛰어나거나 향후 경쟁상대가 될 수 있다는 생각에 경계하기도 한다. 건강하지 않은 자아존중감을 갖고 있는 사람은 자신감이 떨어지는 경우가 많다. 그래서 자신보다 뛰어날 것 같은 사람은 우선 포용할 자신감이 부족하다.

  회사에서 다른 사람들에게 힘을 발휘할 수 있는 것은 실질적인 권력이나 정보의 힘이다. 그러나 자아존중감이 건강하지 않은 사람은 정보를 통제함으로써 자신이 유리한 상황이 되도록 한다. 또한 자신이 다른 사람보다 뛰어나 보이기를 원하는 성향, 그리고 남을 깎아내리는 성향 등을 보인다.

아시아태평양지역에서 인사리더로 일하는 동안 나름 좋은 리더를 보는 시각을 갖고 있다고 자부한다. 그중에서 항상 유의 깊게 보는 것은 리더가 건강한 자아존중감을 갖고 있는지, 아니면 비즈니스, 조직, 사람들보다 상황에 따라 자신의 이득을 먼저 살피는지를 본다. 자아존중감은 사실상 단기 내에 겉으로 크게 드러나지 않으며, 개인이 성장해 온 과정과 연관되어 있어 민감한 부분이기도 하다. 건강한 자아존중감을 갖고 있는 리더는 건강한 조직분위기를 만드는 데 기여한다.

자존감 높은 직원의 특징
▶ 합리성, 현실성, 직관력, 창의력, 독립성, 유연성, 관용, 협동성 등이 뛰어나다.
▶ 아무리 어려운 문제가 생겨도 꿋꿋이 견뎌 내며 변화에 잘 대처한다.
▶ 실수를 하더라도 바로 인정하고 행동을 고친다.
▶ 대인관계가 원만하다. 자신보다 뛰어난 사람의 가치를 인정할 줄 알며 그에게 호감을 나타낸다.
▶ 자신의 의견을 명확하고 당당하게 표현할 줄 안다.

자존감 낮은 직원의 특징
▶ 합리성, 현실성, 직관력, 창의력, 독립성, 유연성, 관용, 협동성 등

이 부족하다.

▸ 어려운 문제를 만나면 쉽게 포기하고 무기력증에 빠져 새로운 시도를 하지 않는다.

▸ 실수를 하거나 상황이 어려워지면 남을 탓하고 자기합리화를 한다. 변명과 책임전가에 능하다.

▸ 이유 없이 적대적이거나 파괴적인 관계에 빠질 위험이 높다. 자신보다 뛰어난 사람을 깎아내려 자신을 높이려는 욕구가 있다.

▸ 자신의 의견을 상대방이 어떻게 평가하고 반응할지 두려워 명확하게 표현하지 못한다.●

문화권에서도 자아존중감의 차이를 볼 수 있다. 문화권마다 중요하게 생각하는 가치가 다르고, 이에 따라 사람들이 평가받기 때문이다.●● Gfk 리포트●●●에 따르면 한국의 경우 성공에 사회적 가치체계가 형성되어 있다. 한국인은 사회적 지위와 재력 구축에 관심이 높은 반면 자아존중감Self Esteem은 다른 가치에 비해 우선순위가 높지 않게 나온다.

한국과 유사한 패턴을 보이는 나라는 일본과 대만이다. 하지만 같은 아시아권인 인도와 중국만 해도 자아존중감에 대한 가치체계가 우리보다 훨씬 높다. 늘 옆 사람과 비교하고, 사회적인 가치로 누가 성공했

● 성공의 7번째 센스 자존감, 나다니엘 브랜든, 고빛샘 옮김, 비전과 리더십, 2009
●● Curry, N.E., & Johnson, C.N(1990). Beyond self-esteem : Developing a genuine sense of human value. In Research Monograph of the National Association for the Education of Young Childern (Vol.4). Washinton DC:NAEYC
●●● RRW 2007 Values Factbook, Roper Reports World Wide, Gfk Roper Consulting

느냐를 중시하는 우리나라는 자연스럽게 개인 성적과 성공 여부가 비교의 척도가 된다.

Twenge & Crocker(2002)[*]의 연구에 따르면, 남과 비교하는 것이 강한 아시아권 문화와 그렇지 않은 북미 문화권 아이들이 자아존중감의 정도가 다르다. 늘 책상에 앉아 공부하고 상위권 점수를 받는데도 백점 맞은 학생에 비해 잘하지 못한다는 부정적인 감정을 느끼는 것이다. 이러한 환경에서 성장해 온 사람들은 사회 생활에서 어떻게 보일까. 학창시절이나 사회 생활에서도 마찬가지다. 남과 비교하기 일쑤이고 성과가 좋아야 하고 빨리 승진해서 성공을 해야 하기 때문에 남들보다 우월하고 싶고, 권력을 보이고 싶고, 힘을 과시하고 싶어한다.

살다 보면 예기치 않은 실패를 경험하는 건 너무나 당연하다. 시험에 실패할 수도 있고, 승진 심사에서 누락될 수도 있고, 정성껏 준비한 제안서가 채택되지 않을 수도 있고, 실연을 당할 수도 있나. 또한 동료가 더 훌륭한 발표를 할 수도 있고, 회사 수익률이 급감하여 회사를 나와야 할 수도 있다. 이럴 때 자아존중감이 건강한 사람은 감정적 변화의 폭이 원만하고 어려움 속에서도 자신을 잘 관리한다. 또한 실패를 인정하고, 실패 속에서 배움을 얻고 다시 도전하는 모습을 보일 것이다.

하지만 자아존중감이 건강하지 않은 사람은 쉽게 자신감을 잃고

● Twenge, J.M., & Crocker, J. (2002). Race and self-esteem;mcta-analyses comparing whites, blacks, Hispaniecs, Asians, and American Indians and comment on Gray-Little and Hafdahl(2000)

좌절하여 다시 실패를 극복하고 재도전하는 데 시간이 걸린다. 우리는 수없는 변화와 한치 앞도 알 수 없는 불확실성 시대에 살고 있다. 앞으로 더욱더 생각지 못한 도전들이 있을지 모른다. 우리가 건강한 자아존중감을 갖고 있을 때 자신도 존중하며 상대방도 존중하는 심리적인 기반을 갖고 더 유연하게 변화에 대응할 수 있다.

존중은 우리에게 있어 삶에 대한 자세다. 건강한 자아 존중감을 기반으로 한 존중이 나의 삶의 품격을 한층 더 높여 준다.

감정은 전염된다

듀폰에서는 존중의 가치를 되뇌이고 행동양식으로 바꾸도록 회의 시작시마다 존중이란 주제로 생각하는 시간을 갖는다. 좋은 글이나 짧은 스토리를 이용하며 이는 지속적인 리마인드로 행동을 강화하는 데 도움을 준다. 이 중 많은 사람들이 자주 인용하는 슬로건은 '긍정적인 감정은 전염된다' 는 것이다.

감정지수 EQEmotional Intelligence의 대가인 대니얼 골먼은 인간은 열린 고리Open Loop 시스템이기 때문에 감정이 더욱 중요하다고 한다. 뇌에서 감정을 조절하는 영역을 변연계Limbic System라고 부르는데 그 특징이 열린 고리라는 것이다. 감정을 조절하는 데 외부 의존도가 높음을 뜻한다. 그룹 사이에 가만히 앉아 있으면서 주변 분위기에 휩쓸리지 않아도 모든 감각이 주변 자극에 열려 있어 타인의 영향을 받을 수밖에 없다는 의미다.

우리는 스펀지처럼 주변에 있는 여러 감정과 환경의 영향을 받는다.

이 중에서도 가장 많은 영향력을 미치는 것이 그 조직이나 팀의 리더이므로 리더십을 강조할 수밖에 없다. 요즘 리더십에서도 스토리텔링이 뜨고 있다. 어찌 보면 스토리로 사람의 마음에 감정적으로 와 닿게 함으로써 커뮤니케이션 효과를 극대화하자는 것이다.

주니어 시절에 직원들과 저녁 식사를 하는데 한 직원이 내게 "이렇게 따뜻하고 배려 있는 사람인 줄 몰랐어요"라고 하자, 나의 상사는 "나와 일하고 있기 때문이지" 하고 말했다. 웃자고 하는 말이었지만, 주변을 둘러보자. 전체적으로 분위기가 밝은 부서가 있는가 하면, 무겁고 경직되어 있는 부서가 있다. 과연 그 부서의 팀장이 분위기를 어떻게 만들어 가고 있는지 살펴보자.

우리 감정은 쉽게 전염되며, 리더에게 많은 영향을 받는다. 긍정적인 근무환경을 만들고자 한다면 부서장의 리더십을 기본으로 팀원과 일하기 좋은 분위기, 직원들의 감정반응에 관심을 가지며 긍정적인 감정을 만들어 내는 데 함께 노력해야 한다. 그럼으로써 존중하는 환경에 가까워질 수 있다.

감정의 전염은 긍정적인 것뿐만 아니라 부정적인 감정의 영향도 마찬가지다. 나는 부정적인 감정이 조직에 얼마나 심각한 영향을 미치는지 여러 사례를 보아왔다. 존중의 가치를 재정립하려는 시점에서는 사람 간의 관계가 문제의 근본요인이 되고, 쉽게 드러내기 어려운 민감한 사안들이 있었다. 그래서 처음 몇 년간은 나라별로 고질적인 문제, 그러나 사람들이 쉽게 드러내지 못하는 문제들을 가시화하는 데 시간과 노력을 쏟았다.

조직에서 상당히 능력 있고 윗사람들의 긍정적인 평가를 받는 고위직 임원이 있었다. 그는 추진력 있고 커뮤니케이션도 똑 부러지게 하여 동료들로부터 긍정적인 피드백을 받는 사람이었다. 그런데 문제는 함께 일하는 직원들과의 관계였다. 원하는 결과를 내기 위해 무리하게 업무 강도를 높였고, 팀원들의 자존감을 무너뜨리기 일쑤였으며, 험한 말을 내뱉고, 회의 중에는 비아냥거리기도 했다. 직원들은 너무 힘들어했지만 그의 교묘한 행동 패턴으로 바람직하지 않은 행동이 구체적으로 파악되지 않고, 외부에 드러난다 해도 구체적인 증거를 잡기가 쉽지 않았다.

표면화되지 않는 괴롭힘이 발생하고 주변 사람들은 인내해야 하는 기간이 길어지면 대부분 상황을 포기하고 그 안에서 나름대로 적응을 하게 된다. 처음에 느끼는 두려움과 같은 부정적인 감정이 점차 반복되면서 무의식적인 두려움으로 자리 잡고, 그 안에서 문제를 해결하려는 의지는 시간이 갈수록 사라져 버린다. 그렇게 한 개인의 영향으로 팀원들의 부정적 감정이 강화되면, 점차 애사심, 몰입감, 생산성 등과는 거리가 멀어진다.

이러한 긍정적 혹은 부정적 감정이 존중하는 분위기를 만드는 데 밀접한 관련이 있다는 건 단순한 사회 생활뿐 아니라 가정에서도 마찬가지다. 서로 긍정적인 감정이 많이 생기도록 함께 노력하고 열린 마음으로 대화를 통해 마음을 드러내 보이는 감정을 디자인해 보자. 그런 과정에서 서로에 대한 신뢰와 존중이 싹틀 것이다. 우리 감정은 전염이 되니 말이다.

Key Learning

1. 틀림이 아닌 다름에 대한 인정은 새로운 성장의 기회를 제공한다.

2. 관점의 차이를 인정하는 것은 존중과 다양성을 포용하는 첫 걸음이다.

3. 진정한 존중을 보이기 위해서는 나만의 의도적인 노력과 에너지가
   필요하다.

4. 존중은 있는 그대로 봐 주고 수용하고 성장하기를 바라는 마음이다.

5. 존중은 갈등을 회피하는 것이 아니라 용기를 내어 마주하는 것이다.

6. 인정받고 존중받고 싶은 내면의 욕구에 솔직해질 때 존중에 가까워질
   수 있다.

7. 건강한 자아존중감을 갖고 있는 사람은 자신을 존중하며 다른 의견과
   관점도 존중할 줄 알며 의미 있는 토론을 하는 심리적인 여유를 갖는다.

8. 건강한 자아존중감을 갖고 있는 리더는 건강하고 존중하는 조직을
   만드는 데 기여한다.

9. 존중하는 환경을 위해 감정을 디자인해야 한다. 감정은 전염된다.

10. 존중은 나의 삶의 품격을 한층 더 높여 주는 삶의 자세다.

Part 2

●

조직에서의 존중 효과

인간존중 가치의 진화

    회사마다 핵심가치를 선택하고 만드는 나름대로의 역사적 배경이 있다. 듀폰의 핵심가치는 창립 시기부터 회사의 역사와 함께 성장해 왔다.

    듀폰은 1802년에 화약회사로 설립뇌었다. 우리가 지금 4차혁명을 앞두고 전환 시기에 많은 변화를 겪고 있듯이 18세기나 19세기 초반의 노동자들도 커다란 변화의 물결 속에 있었다. 근대화된 화학공장에서 조직체계와 안전은 필수지만 당시에는 그렇지 못한 경우가 허다하였다. 이들은 아직도 그 이전 농업사회의 패턴 근무형태를 갖고 있었다. 느리고, 계절적으로 움직이는 농업사회에서 빠르고 기계처럼 틀에 박힌 규율에 따라 움직여야 하는 공장의 근무형태는 그 시대 노동자들에게도 적응해야 하는 큰 변화였을 것이다.

    그들은 제멋대로 예고 없이 휴가를 간다거나, 집안 농사를 거들고, 친구들과 무여 술을 마시기도 했다.

그래서 그들의 안전을 지키기 위해 쇠못 대신 나무못이 박힌 신발을 신어야 한다거나 작업장에 성냥 같은 것을 가져오지 않도록 안전 수칙을 만들었다. 화약을 생산하는 데 미숙한 노동자들의 재해 위험을 최소화하기 위한 규정들을 만들기 시작한 것이다. 또한 노동자들의 습관을 바꾸기 위해 교육을 하며 쌍방의 의무를 주고 공동의 이해관계를 구축해 나가며 시스템화하기 시작하였다. 이와 맞물려 1811년에 듀폰은 시간외 근무수당, 야간근무수당, 휴가제도를 도입했고, 직원 가족에게 추가 고용도 제의했다.

이러한 노력에도 불구하고 듀폰 역사에서 1818년은 가장 슬픈 해이자 듀폰이 초장수기업으로 성장하는 계기를 마련해 준 해이기도 하다. 그해 한 공장 감독의 음주로 빚어진 무서운 폭발사고로 40여 명이 사망했고, 근처에 있는 집에서 아기와 놀고 있던 부인이 부상당했다. 회사는 미망인과 남은 자녀들을 위한 연금제도를 설립하여 가족들의 안정을 보장하고 노동자들을 장려하여 계속 근무할 수 있도록 해 주었다. 듀폰가는 직원들 곁에서 함께 일하면서 그리고 모든 사업 공약을 모범적으로 수행하며 공장의 위험 요소들을 함께 나누었다. 아직도 미국 헤글리 박물관에 가면 공장에서 얼마 떨어지지 않은 곳에 듀폰가 사람들이 지내던 집들이 보존되어 있다.●

듀폰은 이 사고를 극복하면서 근대의 껍데기에서 일찌감치 벗어나 현재의 기틀을 확립하였고, 이를 네 가지 핵심가치로 표현하고 있다.

● DuPont : From the banks if the Brandywine to Miracles of Science, 2002

직원의 생명을 보호하는 안전, 함께 일하는 직원에 대한 존중, 우리가 살아가는 환경에 대한 보호, 가장 높은 수준의 윤리가 그것이다. 이러한 핵심가치는 오랜 전통과 함께 사람을 배려하고 중시하려는 노력이 문화로 녹아 왔기에 듀폰만의 독특한 문화양식을 형성해 온 셈이다.

듀폰은 200년이 넘는 동안 화약에서 화학, 그리고 과학회사로 변모했다. 또한 그동안 약 20개사를 인수합병하고 15개사를 분사하며 약 600억 달러(한화 60조원) 규모의 엄청난 비즈니스 변화가 있었음에도 흔들림 없는 핵심가치를 유지해 왔다. 또한 이러한 오랜 전통은 듀폰 속에 하나의 문화로 녹아들었고, 이는 직원들 사이에 독특한 생활양식으로 공유되고 진화해 가고 있다.

그 중 인간존중은 인수합병한 회사와의 문화통합과 다른 핵심가치와의 일관된 체계를 위해 2009년부터 가치를 재정비하는 글로벌 프로젝트가 시작되었다. 전 세계적으로 다양한 직원들의 의견을 바탕으로 존중의 정의를 재해석했고, 또한 주요 행동양식과 시스템을 업그레이드했다. 그 과정에 중점적으로 본 것은 인간존중이라는 가치를 종합적으로 인지하고 효과성을 높이는 데 있었다.

이 과정 중에 다양성과 포용 그리고 직원 몰입을 통합하여 존중이라는 가치 안에 녹아들도록 했다. 조직원 각 개인이 실천하고 기여하며 회사의 종합적인 목표를 이루는 데 최대한 에너지를 끌어내는 환경을 만드는 데 있었다. 이는 회사가 향후 다가올 많은 변화에서 더 강한 조직으로 탈바꿈하고자 하는 의지의 반영이기도 하다. 이렇게 진화되어 온 존중의 가치는 일관된 회사의 정체성과 직원들의 행동과 사고를 결정하는 나침반이 되어 주었다.

이렇게 함으로써 듀폰은 미국 경제전문지 포춘Fortune이 1995년 '500대 기업'을 선정한 이래 한 번도 거르지 않고 이름을 올렸다. 또한 지난 몇 년간 외부 리서치 기관에서 실시한 조사에 따르면, 직원의 이직률과 재직 연수, 조직에 대한 헌신 정도 등은 평균의 다른 회사보다 높은 결과를 낳았다. 이는 직원을 중시하며 회사가 지켜온 존중의 가치의 반영이며, 듀폰이 세계 굴지의 초장수기업으로 계속 유지할 수 있었던 비결이다.

존중할 때 나타나는 감정

　존중을 문화로 내재화하는 작업을 하면서 나는 감정이 만들어지는 두뇌에 대해 많은 관심을 갖게 되었다. 인간의 감정이 뇌에서 만들어지고, 그 감정에 우리 몸과 행동이 영향을 받는다는 점을 이해한 후 존중을 위한 문화를 재정립하는 데 깊이를 너할 수 있었다.

　영어 Emotion이란 단어는 밖으로 표출된 운동 'out motion'으로 내부상태와 욕구를 외부로 움직여 표현함을 의미한다.● 이처럼 감정은 우리 신체의 움직임, 변화와 밀접한 반응을 보이게 된다. 그래서 화가 나면 내적으로는 심박수가 올라가고, 혈압이 높아지고, 체온과 땀이 나며, 외적으로는 얼굴 표정이 굳어지고, 찡그려지고, 목소리가 커지고, 자칫하면 때리거나 물건을 던지는 적대적인 행동으로 표현하기도 한다. 우리 뇌는 사실과 뒤얽혀 당시에 생성된 감정에 대한

● 두뇌구조와 기능, 글로벌사이버대학교, 평생교육원편

기억을 더 오래도록 갖는다.

반면 긍정적인 감정은 마음과 생각을 열어주어 더 수용적이고 창의적이 되도록 한다. 아침에 명상을 하거나 수영 또는 조깅을 하고 나면 활력이 생기고 긍정적인 생각과 함께 이해하고 포용하고자 하는 마음이 생기기도 한다. 미국 노스캐롤라이나대 바버라 프레데릭슨 교수는 긍정적인 감정이 협응과 조절 능력 향상, 근력과 심혈관계의 건강이라는 신체적인 변화뿐만 아니라 심리적·지적·사회적 능력 모두를 더욱 확장시키고 새롭게 만들어내는 역할을 한다고 했다.● 긍정적인 감정 형성은 긍정적인 조직문화를 형성하는 데 더 직접적인 영향을 미치며, 반대로 부정적인 감정 형성은 유해한 근무환경을 만들 가능성이 높다. 조직문화를 만드는 데 감정에 관심을 갖고 감정을 더 유의 깊게 다루는 이유이기도 하다.

존중과 감정에 대해 조금 더 들어가 보자. 우리는 감정에 의해 사람들의 생각과 행동에 많은 영향을 받는다. 생각이나 행동은 아무리 바꾸려 해도 감정은 쉽게 바뀌지 않고 오래도록 남는다.●● 사람들은 자신이 돈을 빌린 것은 잘 생각나지 않지만, 누군가에게 빌려 주었는데 못 받거나, 지갑을 잃어버린 경험, 혹은 누군가와 헤어진 날의 경험은 몇 년이 지난 후에도 그곳을 지나가다 보면 그때 느꼈던 감정과 함께 쓰라린 경험이 떠오른다.

● 모든 것을 이기는 태도의 힘, 김진세, 알투스, 2015
●● 브레인, 한국뇌과학연구원, 2013. 5·6월호 p.15

마찬가지로 상사가 내게 칭찬했던 것보다 쓰디쓴 충고나 상처를 준 말을 더 잘 기억한다. 때론 그런 기억이 몸에 기억되고 뼈에 사무쳐 그 사람의 이름만 떠올려도 그 일과 얽힌 감정이 떠오르며 화가 치민다.

긍정적인 감정이 나올 때는 동기부여와 자신감, 자부심 등 긍정적인 에너지가 나오고, 이에 따른 신체적인 표현인 웃음 등이 나온다. 긍정적인 감정은 우리 뇌와 몸을 원래 상태로 복귀시키는 작용뿐만 아니라 평소보다 한 단계 업그레이드시키는 역할도 한다. 미국 버지니아대 조너던 헤이트 교수에 따르면 긍정적인 생각과 감정은 보다 도덕적이고 선한 행동을 하려는 욕구를 만들어 낸다.•

듀폰의 핵심가치인 인간존중에는 직원들의 언어와 행동에 이러한 가치가 녹아 있다. 핵심가치가 지속적으로 유지되기 위해 커뮤니케이션, 교육활동, 역할모델 등 다양한 노력을 기울여 왔다. 직원들의 관계의 어려움에 귀를 기울이고 해소할 수 있도록 지원하는 투명한 시스템도 잘 정착되어 있다.

나는 아시아태평양지역의 각기 다른 문화권에서 발생하는 직원들의 고충을 모두 들여다보고 조사하고 사건의 결론과 사후관리까지 담당했다. 그 속에서 갈등의 시작은 표현, 어투 그리고 그로 인해 발생하는 감정이 문제임을 알게 되었다. 사내에서 직원들의 존중에 대한 이해도를 높이고, 한 차원 높은 문화체계로 자리매김하기 위한 다양한 노력의 일환으로 직원들에게 존중에 대한 교육을 실시했다. 2~3년 동안 전 세계

• 브레인, 한국뇌과학연구원, 2013. 5 · 6월호 p.15

직원이 동일한 교육을 받았고, 한국의 경우는 계약직 직원까지 포함하여 모든 직원들이 교육에 참여했다.

존중을 뭐라고 생각하는지, 혹은 어느 때 존중받았다고 생각하는지, 존중받았을 때 어떤 느낌이 드는지를 묻는다면 여러분은 어떤 답변을 할까? 이 질문에 대해 나라마다 참 재미있고 다양한 의견들이 많았다. 이름을 부르면서 눈을 마주칠 때, 말을 마칠 때까지 기다려줄 때, 실수를 긍정적으로 해석할 때, 공식석상에서 기여한 바에 대해 칭찬받았을 때, 누군가가 자문을 구할 때 자신이 중요한 사람이 된 듯한 느낌이 들어 존중받는 것 같다고 했다. 또한 중요한 결정에 참여할 때, 자기 의견을 귀담아 들어줄 때, 자신을 있는 그대로 보아줄 때도 존중받는 느낌이 든다고 했다. 어려운 순간에 도움을 요청할 때도 자신이 중요한 존재로 여겨져 존중받고 있다고 답했다.

나라마다 조금씩 다른 면이 있다면, 인도의 경우 존중은 '내 이야기를 참을성 있게 들어주는 것'이라는 의견들이 특히 많았다. 워낙 자기 표현을 하는 데 익숙한 나라여서 반대로 들어주는 것이 그들에게는 존중으로 인식되는 것이다. 중국의 경우는 자기 능력에 대해 칭찬하고 인정해 주는 것이 많았다. 한국의 경우도 내 의견 들어주기, 칭찬해 주기, 있는 그대로 인정해 주기가 많이 나왔다.

사람들이 존중받았을 때 어떤 느낌과 감정이 드느냐는 질문에는 환영받는 느낌, 내 존재와 능력을 인정받는다는 느낌, 내 자신이 중요해진 느낌, 감사하고 동기부여가 되고, 즐겁고 기운이 나고, 가슴이 벅차오르고, 신뢰감이 생기고 충만하고 행복함을 느낀다고 답했다. 만일 아침에 일어나 출근 준비를 하는데 이러한 감사함, 즐거움, 동기부여,

충만함, 행복함 등이 느껴진다면 출근하는 우리 모습은 과연 어떨까. 얼굴에는 웃음이 가득하고, 회사에 출근해서 팔을 걷어붙이고 즐겁게 일하고 싶지 않겠는가.

MITA 국제뇌기반센터MITA International Brain Based Center 엘렌 웨버 박사는 최근 HR Magazine에서 사회적인 형평성과 존중감은 직원들의 학습에 도움을 준다고 밝혔다. 누군가로부터 관심과 도움을 받고 진심이 담긴 칭찬을 듣게 되면 사람의 뇌에서는 세로토닌과 옥시토신이 분비된다. 이러한 신경전달물질은 신뢰를 강화시키고 상대방의 생각에 마음을 열게 하며, 상대방을 보다 더 알고 싶게 하고 상대방이 처리해야 할 일을 돕고 싶게 한다.

요컨대 존중을 통해 긍정적인 감정을 쌓는 일은 신체적 변화뿐 아니라 협응성, 신뢰성, 개방성 등이 더 좋아진다는 것이 과학적으로 뒷받침되는 것이다.

각 개인이 조직에서 구성원들에 느끼는 감정을 솔직하게 알아차리고 관심을 갖는 것은 중요하다. 사람들과 얽혀 살아가는 것이 우리 삶이기에 그 속에서의 감정을 들여다보면 관계를 만드는 해답이 보이기 때문이다.

존중이 만들어 내는 조직 차원의 혜택

매일 아침 눈을 뜨자마자 회사에 출근하고 싶은 긍정적 감정으로 가득 찬다면 회사에 대한 충성도와 일에 대한 만족도가 높아지고 직원들의 정서적 건강도 증진된다. 또한 서로에게 더욱더 열린 마음이 생겨 갖고 있던 정보를 더 적극적으로 공유하게 되고 조직 간의 학습능력을 개선시킨다. 이런 긍정적인 감정효과는 신경전달물질이 체내에서 변화를 일으키고 그래서 더욱 긍정적인 효과가 배가된다. 이러한 선순환은 직원들의 감정적인 유대관계를 이루게 함과 동시에 다음과 같은 조직 차원의 혜택을 강화할 수 있는 이점을 준다.

열린 문화, 조직의 학습능력 향상

존중받는 직원들은 열린 마음을 갖고 있다. 서로 기여하고 성장하는데 긍정적이어서 정보를 공유하거나 서로의 성장에 도움을 줌으로써 조직의 학습능력이 향상된다.

직원 채용, 계발, 보유능력 향상

능력 있는 인재들을 채용하고 보유하는 것은 인사 차원에서 회사 경쟁력을 강화하는 방법이다. 듀폰은 한국에서 많은 사람들이 입사하고 싶은 외국계 회사로 손꼽힐 뿐 아니라 이직률도 매우 낮은 편이다. 여기에 존중하고 포용하는 회사 문화가 상당한 영향력을 미쳤다고 본다.

인사 프로세스 중 하나로 자발적 퇴사를 하는 직원을 대상으로 매번 인터뷰를 실시한다. 직원이 회사를 떠나는 이유에 대해, 재직 중에 느꼈던 부분들, 그리고 어떤 점이 좋고 어떤 부분을 개선해야 하는지, 향후 다시 입사할 계획이 있는지 등을 물어본다. 여기서도 인간존중과 존중하는 문화는 상당히 높은 점수를 받고, 많은 직원들이 나중에 기회가 되면 다시 돌아오고 싶다고 했다. 직원들이 이직을 고민하다가도 결국 포기하게 되는 이유도 또한 이러한 핵심가치와 존중 문화 때문이다.

또한 인사 관련 컨설팅 회사에서 밝힌 직원들의 이직 이유 중의 하나로 상사를 뽑는다. 아무리 월급을 많이 받아도, 하고 있는 일이 재미있어도, 함께 일하는 상사와 안 맞고 관계가 힘들다면, 그리고 그 상사가 조만간 이동할 가능성이 낮다면 많은 경우 이직을 생각한다. 존중하는 문화는 능력 있는 인재를 채용하고 이직을 방지하며, 회사에 오래 머물면서 기여하도록 하는 강한 자석 같은 역할을 한다.

일에 대한 만족도와 직원 몰입도 향상

직원들이 조직 내에서 인간답게 대우받고 존중받을 때 긍정적인 감정들이 나온다. 아침에 일어나자마자 회사에 나가 직원들과 함께 열심히 일하면서 기여하고 싶은 생각이 나면 낭연히 일에 대한 만족도와 팀과 조직에 대한 몰입도는 높아질 수밖에 없다. 듀폰에서 직원들 대상으로 포커스 인터뷰를 실시하는 경우가 많은데, 자주 물어보는 질문 중 하나가 듀폰의 강점은 무엇인가이다. 그리고 직원들이 우선적으로 답하는 것은 핵심가치, 존중하는 문화를 서슴없이 선택한다. 이러한 문화가 일에 대한 만족도와 몰입도를 이끈다.

조직성과와 이익 향상

직원들이 존중받고 정서적으로 자기 의견을 개진하는 데 안전함을 느낀다면, 그 문화의 혜택 중 하나는 열린 문화에서 오는 창의적 사고, 혁신적 아이디어, 그리고 함께 팀으로 일하는 협동이다. 또한 직원들은 조직에 대한 충성도와 몰입도로 업무에 충실함으로써 성과와 이익에도 긍정적인 영향을 미친다.

고객만족도 향상

존중받는 직원들은 만족스럽고 행복하고 즐겁고 감사함을 느낀다고 한다. 존중하는 문화 속에서 이러한 긍정적인 감정을 느끼는 직원들은 더 행복하고 친절하다. 만약 이들이 고객과의 접점에서 일을 하고 있다면 이러한 긍정에너지가 자연스럽게 고객들에게 전달되지 않을까.

존중받지 않았을 때 나타나는 감정

그렇다면 반대 상황인 존중받지 않을 때는 어떤 현상들이 발생할까. 언제 존중받지 않았다고 느끼는지에 대해 한국 여성의 경우 밥 먹고 혼자 식탁 치울 때, 시댁에만 가고 친정에는 가지 않을 때라는 답변이 제일 먼저 나와 웃었던 기억이 난다. 그밖에 공통적으로 많이 나온 답변은 의견을 무시당했을 때, 인사하지 않고 지나갈 때, 내가 한 일을 상사가 자신의 일인 양 보고할 때, 눈 마주치지 않고 외면할 때, 내가 하는 말을 중간에 끊었을 때, 무례한 말이나 제스처를 했을 때, 너무 자세하게 아기처럼 일일이 가르칠 때, 중요한 결정을 하는 데 내 의견이 빠졌을 때 등이었다.

그리고 그때 느끼는 감정은 속상하고, 화가 치밀고, 불쾌하고, 서운하고, 억울하고, 슬프고, 소외된 듯하고, 의기소침하고, 스트레스가 밀려오고, 피곤하고, 짜증하고, 가치가 없는 것 같고, 걱정되고, 외롭고 처절하다고 했다.

앞서 경우와 마찬가지로 아침에 눈을 뜨자마자 이러한 부정적인 감정들을 느꼈다면 여러분의 하루는 어떨까. 당장이라도 사표를 던지고 싶지 않겠는가. 아니면 적어도 하루에 수십 번씩 내가 이곳에 있어야 하나, 혹은 다른 곳을 알아봐야 하는지에 대한 고민으로 회사일에 몰두할 수 없을 것이다. 생각만 해도 몸과 마음이 땅으로 꺼져 버리는 것 같다.

우리가 느끼는 감정은 누가 시켜서 갖는 것이 아니다. 어떤 상황에 놓여 있을 때 여러 요인으로 인해 자연스럽게 생성되는 것이다. 하지만 자연스레 생겨난 감정으로 인해 우리 마음과 몸, 그리고 생각과 행동은 다르게 나타난다. 이러한 부정적 감정들이 우리 뇌에 쌓여 있다면, 근본적으로 부정적 성향을 많이 가지고 태어난 사람들의 부정적인 감정은 배가 될 것이다.

엘렌 웨버 박사는 "마음에 상처를 입으면 뇌에서 코르티솔이 분비되어 전전두엽 피질이 활동하지 않게 되고 새로운 생각이나 남을 돕고자 하는 의지가 없어지게 된다"고 말했다. 스트레스 호르몬인 코르티솔이 분비되면 혈압이 올라가고 심박수가 빨라지며, 불안, 초조상태가 지속되어 면역상태에도 영향을 미치게 된다.

운전을 배울 때 부부끼리는 절대 안 된다고 한다. 운전을 배우다 싸움으로 이어지는 경우도 있고, 싸움이 커지면 감정이 격해져 코르티솔이 분비된다. 이 호르몬의 영향으로 운전자는 긴장하게 되고 시야 확보에 문제가 생기며 불안, 초조상태로 분별력이 떨어져 자칫 안전사고로 이어질 가능성이 있다. 또한 한번 분비된 스트레스 호르몬은 몸에서 정상화되는 데 적어도 90초가 걸린다고 한다. 그래서 부정적 감정과 스트레스로 인해 코르티솔이 분비된 경우 감정이 가라앉고 정상으로 돌아오는 데 90초가 걸린다는 것이다. 화가 났을 때나 혹은 부정적 감정이 올라왔을 때는 심호흡을 하며 시간 간격을 두고 대화나 행동을 하는 것이 바람직한 이유다.

이러한 부정적 감정이 퍼져 있는 조직은 직원 간의 정서적 유대감이 저하되거나 단절되고, 개개인의 스트레스 지수가 올라간다. 심한 경우 직원들의 결근이나 사고가 증가한다. 이로 인해 직원들은 조직에 대한 불만을 토로하거나 스트레스로 힘들어하다가 이직으로 이어진다. 또한 팀워크가 필요한 조직에서 서로 정보를 은폐하거나 신뢰감이 떨어져 협업도 팀워크도 엉망이 될 게 분명하다. 그리고 직원들이 불만이 가득하고 스트레스가 쌓여 있으니, 고객을 응대하는 데 웃는 얼굴로 대하기 어려울 수밖에 없다. 이렇듯 고객관계에서도 부정적 에너지가 전파되니 고객만족도도 높아지길 기대하기 어렵다. 궁극적으로는 조직의 생산성, 이익의 극대화, 조직의 활력은 저하될 것이다.

태국은 존중하는 문화가 잘 자리잡은 곳이다. 만나서 인사할 때도 항상 양손을 모으고 고개를 숙인다. 이곳의 한 영업매니저가 상사와의 관계에 어려움을 겪고 있었다. 한번은 그가 부하직원이 운전하는 차를 타고 고객을 만나러 가던 중 다른 차와 충돌사고가 났다. 듀폰에서는 직원의 '안전'이 네 가지 핵심가치 중의 하나다. 예방 차원의 다양한 교육과 지침들이 있을 뿐 아니라 사내외에서 발생하는 사고통계를 체계적으로 유지한다. 특히 상사의 책임과 안전에 대한 리더십을 매우 중요하게 여긴다.

그는 말레이시아에 있는 상사에게 즉각 이메일을 보내 사고 보고를 했다. 상사는 그가 적절하게 지시를 내리지 못했다고 생각하여 '베이비 시터'는 필요없다는 표현으로 상사의 지침이 중요하다는 이메일을 보냈다. 이 단어를 보고 그는 몹시 화가 났다. 물론 앞뒤로 여러 가지 배경을 볼 때 상사 역시 그럴만한 이유가 있다. 그러나 그의 입장에서는 열심히 소명감을 가지고 일하던 중 상사와 부딪친 사례로 개인적으로 힘든 시기를 보내야 했다.

일주일 후 다시 그 사건에 대해 얘기를 나누었을 때 그는 울먹이고 있었다. 얼마나 상실감이 크고 힘들었으면 나이 지긋한 남자 직원이 울먹일까 싶어 내 가슴이 먹먹했다. 스트레스로 코르티솔이 분비되었다가 90초 만에 가라앉는다지만 휴가 중에도 그 일을 계속 떠올렸다면 기억이 다시 코르티솔을 분비시켜 감정의 여파를 오래가게 하는 악순환이 반복되었을 것이다. 이렇듯 사람들 간에 불거진 감정의 씨앗은 정서적인 영향력이 강하고 오래가서 일상생활에까지 영향을 미친다. 물론 개인차가 있기는 하지만.

회사일이 힘들거나 하루일과가 너무 고단하고 힘들 때 멍때리기를 할 때가 있다. 퇴근하고 집에 와서 텔레비전을 켜놓거나 휴대폰 인터넷 기사를 올려놓고 우두커니 앉아 있기도 한다. 얼마 전 한강에서 흥미로운 멍때리기 대회가 있었다. 바쁘게 살아가는 우리에게 뇌를 쉴 수 있는 기회를 주는 것이 이 대회의 취지였다고 한다.

『두려움, 행복을 방해하는 뇌의 나쁜 습관』에서는 우리가 가끔 멍하게 되는 이유를 뇌의 편도체가 과부하에 걸렸기 때문이라고 한다.

저장된 에너지가 다 소진되어 다른 일을 하는 데 쓸 에너지가 줄어든 것이다. 또 우리 뇌에 있는 편도체가 활성화되면 그것이 척수로 전기 자극을 보내 '싸우기 아니면 도망치기' 반응을 활성화한다. 그러면 심장과 폐를 비롯한 다른 장기들은 추가근무를 해야 하며, 이로 인한 피로는 몸 전체에 영향을 미친다.

이 책에서는 편도체를 자동차 엔진에 비유한다. 실수로 라이트를 켜놓았다면 배터리가 나가버려 차가 움직이지 않는다. 두려움이 무의식적일 때, 그것은 자동차에 라이트를 켜두고 그 사실을 모르는 것과 같다. 두려움이 의식적 자각 밖에 있으면 배터리 수명이 줄어들기 시작한다.

편도체 활성화는 경고도 없이 정점에 이르고 그때가 되면 감정을 재정비하기 위해 극단적인 조치로 멍때리기를 한다는 것이다. 뇌를 쉬게 하겠다는 긍정적인 의도가 아니라 편도체 과부하로 뇌의 멍때리기가 된 상태라면 뇌가 효율적으로 기능할 리 만무하다. 회사에서 이런 일이 발생했다면 아마 아무것도 못하고 멍하니 한참 앉아 있을 수밖에 없다. 또한 계속 그 상황을 잊어버리지 않고 생각하다 보면 같은 증상이 반복되고 악순환으로 이어지게 된다. 존중받지 않았을 때 나타나는 부정 감정은 우리 몸과 마음을 피폐하게 한다.

존중하지 않는 근무환경의 영향

『썩은 사과』라는 책에 포춘지 선정 500대 기업의 리더 400명에게 설문 및 인터뷰한 내용이 실려 있다.[●] 여기서의 '썩은 사과'는 윗선에서 볼 때는 남들과 별 차이가 없거나 혹은 더 탐스러워 보인다. 하지만 아래에서 들춰 보면 벌레 먹거나 시꺼멓게 썩어 있는 사과 같은 사람을 빗대어 쓰는 말이다. 조직 내에서 단순히 성격파탄자나 일시적 기분변화로 인해 남을 괴롭히는 인물이 아니라, 잘 드러나지는 않지만 조직 내에 파괴력을 가진 자들을 의미한다. 조사 결과 응답자 64%가 현재 썩은 사과와 함께 일하고 있으며, 무려 94%의 사람들이 그런 인물과 일해 본 적이 있다고 답했다.

모든 조직이 유해한 환경을 갖고 있는 것은 아니다. 하지만 사람이 모인 일반적인 조직이라면 썩은 사과처럼 조직의 관계와 분위기를

● 썩은 사과, 미첼 쿠지, 엘리자베스 홀로웨이, 예문, 2011

흐트러뜨리고 썩게 만드는 사람이 있기 마련이다. 썩은 사과가 있을 때 주변 분위기가 바뀌느냐는 항목에서는 '그렇다' 혹은 '매우 그렇다'고 답한 비율은 무려 87%에 달한다. 이 숫자가 매우 의미 있는 것은 썩은 사과가 근무환경에 상당한 부정적 영향을 끼친다는 것을 나타내기 때문이나. 또한 상자 안의 썩은 사과는 결코 혼자 썩지 않는다. 상자 안의 썩은 사과에 대해 빠른 조치를 취하지 않는다면 부지불식간에 상자 안에 있는 모든 사과를 썩게 한다.

　다른 나라의 예지만, 상사가 공식적인 회의석상이나 팀원들과 함께 있을 때 목소리 톤을 높이거나 혹은 적절하지 않은 단어들을 쓰는 경우가 있었다.

　"니들 하는 게 뭐 있어? 제대로 안해? 머리는 멋으로 붙이고 다니는 거야?"

　직원들이 개인적으로 적절하지 않은 표현에 대해 불편하다는 지적을 했지만 그런 행동과 말이 고쳐지지 않았다. 그리고 정기적으로 진행해야 할 성과에 대한 논의 시기가 되었음에도 하지 않았다. 이를 직원들은 상사가 언어표현에 대한 지적으로 개인적인 보복을 하는 거라 여겼으며, 그들의 관계는 더욱 나빠졌다. 상사의 부적절한 표현을 들을 때마다 직원들은 자존감에 상처를 받고 의기소침해지기도 했지만, 더 이상 그런 불만을 드러내지 않고 참을 수밖에 없었다. 왜냐하면 부적절한 언어표현을 쓰는 사람은 바로 그들의 성과에 영향력을 행사하는 상사이기 때문이다.

　이러한 개인이 조직에 미치는 부정적 감정과 그 영향은 크다. 더군다나 그것이 조직의 고질적인 문제인 경우 심각성은 더하다. 그래서 직원들이 문제를 인식하고 고치는 데 부정적 감정이 쌓인 시기보다 더욱 강력한 변화와 장기간의 노력이 필요하다. 가치 재정비 프로젝트를 하는 동안 사실상 나라마다 이런 숨어 있는 고질적인 문제들이 있었다. 또한 이러한 고질적인 문제가 드러나는 시점과 해결하는 데는 시간적 차이가 발생한다. 경험상 나라마다 적어도 2~3년은 소요되었다.

고질적인 조직의 문제를 해결하기 위해서는 다음과 같은 순차적인 노력이 필요하다.

첫째, 직원들이 상황에 대한 문제인식을 갖는 것이 필요하다. 고질적으로 존재하는 행동이 존중하는 환경에 바람직하지 않고 어려움이 있더라도 수정하고 개선이 필요하다는 것이다. 그 문제인식은 조직 내에 있는 팀원들에게서 먼저 시작되어야 한다.

둘째, 개인과 팀의 불편함이나 부적절한 행동에 대한 바른 이해와 이를 표면화할 수 있는 자신감이 필요하다. 부적절한 행동에 대해 회사에 보고하거나 당사자에게 표현하고 수정 요청을 한다. 많은 경우 가해자가 피해자 직원들보다 권위적인 힘을 가지고 있기 때문에 자신감이 더욱더 필요하다. 이러한 개인적이고 조직적인 자신감은 조직의 시스템적인 신뢰가 쌓였을 때 자신감으로 표출된다. 또한 부적절한 행동을 수정하고 싶은 의지가 있어야 한다. 나라마다 고질적인 문제 유형도 다르고 자신감의 수준도 달라 자연스럽게 직원들의 의지가 강해지도록 회사차원에서 지원해야 한다.

셋째, 회사 시스템적으로 직원들이 이러한 보고를 했을 때 익명성이 보장되고 보복이 발생하지 않는 안전장치가 정착되어야 한다. 또한 이러한 회사 시스템에 대한 직원들의 신뢰가 동반되어야 한다.

넷째, 단계별로 변화를 만들며 문화를 재형성해 나가는 데 매니지먼트와 직원들 간의 공동 의지가 필요하다.

이처럼 유해한 환경은 사람들이 함께 근무하는 조직이라면 항상 발생할 수 있는 가능성이 있고, 또한 해결하는 데도 많은 노력이 필요하다. 그럼에도 겉으로 잘 드러나지 않는 이유는 무엇일까? 한국은 사람들과의 관계, 친구와의 우정을 중시하는 가치체계●를 갖고 있어 자연스레 다른 사람들과의 갈등관계를 가능하면 인내하고 드러내지 않으려는 경향을 보인다. 갈등 상황이 있을 때 마음을 열고 표현하고 해결하려는 노력 대신 그 상황과 감정과 갈등을 내면에 차곡차곡 쌓으며 인내해야 한다는 것은 어찌 보면 언제 터질지 모르는 폭탄을 가슴에 품고 있는 것과 같다.

조직에서 나타나는 이러한 유해한 면은 사실 조직의 밑바닥보다는 고위층 리더가 보일 때 더 심각하게 나타나며 조직의 폐해가 심하다.●● 이런 유형의 리더들은 그러한 상황 속에서 자신만의 법칙을 만들어내는 경향이 있다. 가령 리더는 모든 면을 통제해야 한다고 생각하고 문제가 발생할 때 문제의 원인이 어디서 발생했는지 찾고, 그 원인을 제

● RRW 2007 Values Factbook, Roper Reports World Wide, Gfk Roper Consulting
●● Stark, M. (2003), Time to Treat Toxic Emotions at Work, Working Knowledge for Business Leaders Archive, Harvard Business School, Boston, MA, March 10
Finkelstein, S. (2005), "When bad things happen to good companies: strategy failure and awed executives", Journal of Business Strategy, Vol. 26 No. 2, pp. 19-28

공한 사람의 탓으로 돌린다.

또한 리더는 실수를 용납하지 않으며, 만일 본인이 실수를 저지른 경우, 그 실수를 만회하고자 한다. 결코 리더는 현실을 있는 그대로 직시하지 않으며 자신의 의견이나 느낌을 절대로 겉으로 드러내지 않는다. 자신의 역할 외의 일들을 절대 하지 않으며, 다른 사람을 신뢰하지 않는다.● 이런 언행들이 상대방을 존중하며 적절하게 이루어지지 않고 부적절한 언어표현이 된다. 이것은 자칫 언어폭력으로 바뀌어 가고, 그 조직은 점점 병들어 갈 수밖에 없다.

이러한 유해한 환경에서 우리 몸에서는 스트레스 호르몬이 분비된다. 부정적인 생각을 계속해서 자극시키다 보면 불안, 우울, 분노의 감정상태가 만성화되어 호르몬이 과다 분비되고, 이것이 교감신경계를 과도하게 활성화시킨다.

또한 유해한 환경은 우리 뇌 구조에도 악영향을 미친다. 우리 뇌에 있는 편도체는 일시적인 두려움과 분노를 권장하는 곳이다. 숲 속에서 뱀이 나오면 위협을 느끼고 도망가야지 하는 생각이 들다가 자세히 보니 뱀이 아니고 뱀처럼 꼬인 줄이니까 괜찮아 라는 생각이 드는 등 우리 감정의 유쾌, 불쾌를 관장하는 곳이 바로 편도체다.

편도체가 자주 혹은 과도하게 긴장하면 불안하고 공격적이고 분노를 표현하게 된다. 그래서 인신공격, 언어폭력, 혹은 왕따에 지속적으로 시달리다 보면 만성스트레스 상태가 되며, 뇌 구조까지도 영향을

● Coccia, C. (1998), "Avoiding a toxic organization", Nursing Management, Vol. 29 No. 5, pp. 32-3

미치게 된다. 따라서 늘 피곤하고 의욕이 없고 힘들게 느낄 뿐만 아니라, 작은 일에도 긴장하고, 불안하고, 분노하게 된다. 그들의 감정 찌꺼기들은 동료 또는 주변 사람들에게 투영된다. 조직 내의 리더가 본인의 이득을 위해 조직의 환경을 고려하지 않으면 그 구성원들의 만성스트레스와 불안, 우울, 분노의 감정과 함께 조직환경을 해치는 결과를 낳는다.

길을 가다 보면 지나가던 사람이 앞에 놓인 돌이나 박스를 발로 차면서 화를 내는 걸 보기도 한다. 또는 단순히 화를 표현하는 것을 넘어 사람을 치거나 싸움으로 번지는 경우도 있다. 이러한 사건 사고는 정말 사소한 오해, 다툼, 말씨름에서 확대되어 발생하는 경우가 많다. 만성화된 스트레스와 불안, 우울, 분노 등의 부정적인 감정이 폭발하여 언어폭력 또는 폭력 상황이 되는 것이다. 그래서 영국의 철학자 존 오스킨은 "거친 말은 주먹을 날리는 행위와 같다"고 했다.

듀폰에서는 직원 간의 무력행위는 당연히 위반사항에 들어간다. 회사 내부뿐만 아니라 외부에서도 이러한 행위를 금하고 있다. 이를 위해 직원들에게 지속적인 반복교육과 커뮤니케이션을 실시한다. 존중할 수 있는 행동을 강화할 뿐 아니라, 아주 사소하게 행동으로 표현되는 신체접촉에서도 직원들이 감정에 휩싸이지 않고, 길게 심호흡을 하며 감정을 누그러뜨리고, 더 큰 사태로 진전될 수 있는 상황에 개입하지 않고 행동을 유보하도록 안내한다. 또한 주변에 있던 상사와 동료들이 상황이 악화되지 않도록 가치에 대한 주인의식과 뚜렷한 기준에 대한 인식, 문제 발생시 적절한 개입을 통해 상황을 빠르게 진전시킬 수 있도록 한다. 개인의 행동도 중요하지만 주변 동료가 바람직한 조직문화를 만드는 데 함께 기여하도록 하는 것이다.

조직 내에 썩은 사과처럼 드러나지는 않지만 교묘하게 분위기를 해치는 존재들에 유의해야 한다. 단 한 명이라도 썩은 사과가 있다면 빠른 시일 내에 찾아서 조치를 취하는 것이 나머지 구성원들을 위하는 일이다. Bacal에 따르면, 존중하지 않는 유해한 근무환경이 있는 조직은 비효율적일 뿐 아니라 직원들도 파괴적이다. 유해한 근무환경에 있는 조직의 특징은 다음과 같다.

▶ 조직의 목표를 달성하기 어렵다.
▶ 두려움에 의해 문제를 해결하다 보니 좋은 결정을 내리기 쉽지 않다.
▶ 내부 커뮤니케이션도 효율적이지 않다.
▶ 부적절하고, 효과적이지 않은 결정과 반복해야 하는 일들로 인해 상당한 양의 낭비가 있을 수 있다.
▶ 대인관계 또한 자신의 어젠다를 중심으로 이루어지거나 조작되어진다. •

• Bacal, R. (2000), "Toxic organizations-welcome to the ere of an unhealthy workplace", available at: www.work911.com
Dobrian, J. (1997), "Match wits with the evil boss", Getting Results., For the Hands-on Manager, Vol. 42 No. 11, p.7

우리 모두 함께 존중하는 환경을 만들어 나가야 할 의무가 있다. 그것이 구성원으로서 존중받는 것에 대한 개인의 의무다. 존중하지 않는 행동을 보면 시정조치를 요구하고, 존중하는 환경을 만들기 위해 개인별·조직별 노력이 필요하다. 존중하지 않는 유해한 근무환경에서 존중하는 환경을 만드는 것은 우리 모두를 위한 의미있는 노력이기 때문이다.

존중이 기업 경쟁력을 높인다

금융 위기 전과 후에 직원들이 회사를 선택하는 요인의 변화 정도를 파악하는 조사를 실시한 적이 있었다. 이 조사에서 가장 많은 증가세를 나타낸 요소 중 하나가 존중respect이었다.

Corporate Executive Board(CEB) 정기 보고서인 Labor Market Briefing 보고서•에 따르면 Employee Value Proposition(기업이 경쟁사 대비 우수한 인력들을 확보, 유지하기 위해 회사 내외부 직원들에게 제공할 수 있는 차별적 가치)에 영향을 미치는 요소들에 대한 정기 조사에도 존중은 글로벌에서는 3위, 미주 3위, 유럽 2위, 아시아는 4위로 최근 들어 지속적인 관심을 받는 것으로 나타났다. 또한 아시아에서도 가장 만족도가 낮은 것으로도 존중이 꼽혔다.

직원들이 기업에 바라는 것과 기업을 선택할 때 중요하게 생각하는

• Corporate Executive Board(CEB), 2012. Labor Market Briefing : Asia(September)

요소는 경력 개발, 공정한 평가, 연봉뿐만 아니라 전인격체로 존중받고 개인의 가치와 조직의 가치가 일치되는 곳에서 일하고 싶다는 의미다. 이는 도전적인 업무성과에 대한 피드백과 인정을 받고 싶고 개인의 일과 삶Work & Life에 대한 균형을 맞추려는 바람이 더욱 커지고 있음을 나타내는 것이다.

듀폰에는 직원들이 존중받으며 근무할 수 있도록 회사의 정책과 시스템, 환경 등이 잘 정비되어 있다. 직원들이 불편한 사항이나 부당한 일이 있는 경우에는 회사에 보고할 수 있는 시스템이 있어 객관적인 조사와 조치가 가능하다.

한 사례로 비즈니스를 담당하는 영업직 여직원과 고객사의 저녁 미팅에서 불미스러운 일이 발생했다. 고객사 사장이 그 여직원에게 적절하지 않은 말을 했고, 또한 거부 표시를 했음에도 행동을 멈추지 않았다. 여직원은 그 자리에서 빠져나와 바로 상사에게 연락을 취했고, 상사는 고객사 사장을 만나지 말고 바로 귀가하라고 즉각 지시했다.

다음 날 사내 조사반이 사건을 조사했으며, 내부 조치에 대한 논의를 주도했던 나는 다시 한 번 존중의 힘을 느꼈다. 부서 고위관리자들과 함께 사후처리에 대한 논의를 진행했는데, 직원들을 존중하지 않는 관계자들과는 비즈니스를 이어갈 수 없다는 결단을 내렸다. 직원들이 존중받는 환경에서 심리적으로 안전하게 일하는 것을 무엇보다 우선시하기에 고객사와의 비즈니스 관계를 과감히 끊은 것이다. 그 고객사가 비즈니스에 Top3로 지대한 영향을 미치고 있음에도 관계자들이 결단을 내린 것이다.

듀폰의 핵심가치가 문화적으로 강점을 보이는 것은 회사의 핵심가치를 항상 우선순위에 두기 때문이다. 원칙적으로 매사 중요한 결정을 할 때 핵심가치는 생각하고 결정하는 기반이 되어 왔다. 원칙은 지켜지기 위해 존재한다. 회사의 정책이 투명하게 강건하게 대처하는 모습을 보여 줄 때 직원들은 핵심가치가 살아 있음을 느낀다. 또한 어디서나 예외 없이 원칙이 지켜지는 리더십에 직원들은 신뢰를 보인다. 반면 존중하지 않는 문화는 개인이나 조직에 막대한 영향을 미친다.

데보라 노빌이 소개한 존중하는 문화를 정립하지 못해 재무적 손해를 본 사례로는 GM을 손꼽았다.

1989년 제너럴 모터스는 흑인 노동자와 관리직, 전문직 종사자에 대한 차별대우 소송에 휘말렸다. 고소를 한 직원들은 회사가 의도적으로 흑인에게 백인보다 낮은 인사고가 점수를 줌으로써 승진과 보수 등에서 차별을 해왔음을 입증해 냈다. 그리고 결국 소송에서 승리했다. 시초는 한 직원의 돌발적 문제 제기에서 시작되었다. GM은 "흑인에게도 똑같은 처우를 해 달라"는 그 직원의 말에 귀를 기울이지 않았다. "회사에는 차별이 있을 수 없다"는 원론적인 답변만 늘어놓았을 뿐이었다.

회사의 그런 태도는 결국 흑인 직원들 모두의 자존심에 큰 상처를 주었다. 한 직원의 문제 제기가 결국에는 집단소송으로 비화되었고, 흑인 직원들이 대거 소송에 가담했다. 고소인의 수가 3,800명이 넘을 정도였다. 이렇게 시작된 소송은 6년을 끌었다. GM은 패했고 그로 인해 비용 손실만 해도 4,000만 달러에 달했다.

듀크대 알렌 린드 교수는 "회사 측이 그 직원의 문제 제기를 빨리 수용하고 개선책을 내놓았다면 소송에 휘말리지도 않고 화합과 생산성 증대 등으로 연결시키는 좋은 계기가 되었을 수도 있다"고 지적했다.

인종차별 소송에 휘말린 건 GM뿐만이 아니라, 1999년 코카콜라도 인종차별 소송에 휘말려 1억5,600만 달러라는 어마어마한 돈을 지불해야 했다.

또한 자신이 존중받지 못했다고 느낄 때 직원들이 회사를 그만두는 사례도 늘고 있다. 37만 명 이상을 대상으로 실시한 Sirota Survey Intelligence에 따르면, 2년 동안 동등하게 대했다고 느꼈던 직원보다 3배나 더 많은 직원들이 퇴사한 것으로 나왔다. 이 보고서를 보면 직원들이 존중받지 않아 회사를 이직할 경우 이에 대한 비용은 15만 달러(1억5천만 원)라고 한다.[*] 이제 존중은 직원들이 회사를 선택할 때 고려하는 차별적인 가치가 되었다. 또한 그들이 이직을 결정할 때 중요한 기준이 된다.

회사로부터 존중받는 사람은 긍정적이며 사고가 유연해지고 포용력이 커진다.[**] 편견에 사로잡히지 않으며, 차이를 인정하고 받아들여

● Sirota Survey Intelligence, Respect Related to Employee Retention, 2006
●● 리스펙드, 데보라 노빌, 위스넘하우스, 2010

다양한 가능성에 눈을 돌릴 줄 안다. 30년 넘게 이 현상을 연구해 온 코넬대 앨리스 아이센 박사는 긍정적 마인드가 유연한 사고를 통해 남다른 성과를 거둔다는 것을 입증해 왔다.● 그는 이 사실을 증명하기 위해 두 그룹으로 나눠 한 그룹은 존중하는 이야기를 많이 하고 긍정적인 기분이 들도록 만들었다. 다른 그룹에는 아무런 격려를 하지 않았다. 그런 후 다음의 단어를 보여 주고 어떤 연관관계가 있는지 알아보도록 했다.

1. 코티지, 블루, 쥐
2. 원자, 잔디 깎는 기계, 외국

1번 문제의 답은 '치즈'였으며, 2번 문제의 답은 '힘'이었다. 실험 결과 존중받고 긍정적인 분위기의 그룹이 더 쉽게 답을 알아맞혔다고 한다. 이런 실험으로 앨리스 아이센 박사는 존중받는 긍정적 마인드와 열린 사고가 분명히 연관되어 있다고 보고하였다.

존중하는 문화가 있는 조직은 직원들이 열린 마음으로 다양한 목소리를 내는 데 두려움이 없다. 각자의 전문성과 시각을 기반으로 회사의 목표를 위해 함께 노력하며 성장하는 일터를 만들어 낼 수 있다.

와튼스쿨의 바사데 교수와 라마라잔 연구원은 '무엇이 직장을 힘들

● A. M. Isen and J. Reeve, "The Influence of Positivity Affect on Intrinsic and Extrinsic Motivation: Facilitating Enjoyment of Play, Responsible Work Behavior, and Self-Control," Motivation and Emotion, 29. 4(2005):297-325

게 만드는가'라는 논문을 발표했다. 이 논문에서 많은 직장에서 직원들이 느끼는 불만 중의 하나는 직장에서 충분히 인정받지 못한다고 느끼는 것이다. 매일 출근해서 일하는 회사에서 자신들이 존중받지 않는다고 느끼면 직원들은 탈진증후군Burnout syndrome에 빠질 가능성이 높다고 지적한다. 탈진증후군이란 일에만 몰두하던 사람이 갑자기 신체적 · 정서적인 극도의 피로감으로 인해 무기력증이나 혐오, 업무 거부 등에 빠지는 증후군을 뜻한다.

특히 우리나라 사람들은 회사와 자신을 동일시하는 경우가 많다. 회사의 일원으로서 존중받고 있다고 느낄수록 회사와의 일체감, 회사에 대한 충성심, 회사와의 몰입도가 커지고 강해진다. 그리고 그것이 직원들을 유지하고, 회사로 유입할 수 있도록 끌어당기는 강한 자석이 될 뿐 아니라 기업경쟁력을 높여 주는 밑바탕이 된다.

Key Learning

1. 존중받고 긍정적으로 대해질 때 우리 뇌는 건강한 신체와 신뢰 강화, 상대방에 대한 호기심, 협응과 조절능력 향상을 가져온다.

2. 감정을 들여다보면 개인과 조직의 관계를 만드는 해답이 보인다.

3. 긍정적인 감정은 긍정적인 조직문화를 형성하는 데 직접적인 영향을 미친다.

4. 존중하는 문화는 능력 있는 인재를 채용하고 회사에 오래 머물며 기여 하도록 한다.

5. 존중받지 않을 때 느끼는 부정 감정은 우리 몸과 마음을 피폐하게 한다.

6. 존중하지 않는 유해한 근무환경이 있는 조직은 비효율적이며 직원들도 파괴적이다.

7. 회사에서 존중받고 있다고 느낄수록 회사와의 일체감, 충성심, 회사와 의 몰입도가 커지고 강화된다.

8. 존중은 열린 문화, 학습능력, 직원 채용 및 개발, 일에 대한 만족도와 직원 몰입도, 조직성과 및 이익, 고객만족도 향상에 영향을 미친다.

9. 존중이 기업 경쟁력을 높인다.

Part 3

●

일상에서 존중을
표현하는 나, 품격인

존중은 한 끗 차이

존중을 조직 차원으로 확대하고 문화의 한 요소로 만들려면 어디서부터 시작해야 할까? 또 주변 사람들에게 존중을 표현하고 싶을 때 어떻게 해야 할까? 나는 존중은 사소한 데서 시작된다고 믿는다. 이러한 믿음은 사내에서 실시한 조사를 통해서도 확인할 수 있었다. 그들은 이럴 때 존중감을 느낀다고 대답했다.

▶ "안녕하세요, 감사합니다, 잘 지내세요"라는 인사를 주고받을 때

▶ 회의 때 직위를 떠나 의견을 공평하게 받아들일 때

▶ 서로 시간을 잘 지킬 때

▶ 문제가 발생했을 때 함께 해결방안을 찾아 주고 지원해 줄 때

▶ 임원들이 직접 찾아와서 업무 얘기를 전할 때

▶ 업무 외의 일을 의논할 때도 지원을 아끼지 않을 때

▶ 회사에 새로운 자리가 났을 때 공평하게 기회가 주어질 때

▶ 동료, 상사, 임원 등이 서로 건설적인 피드백을 건넬 때

▶ 언제나 열린 마음으로 서로의 다양성을 받아들일 때

한 예로 회의시간에 앞사람이나 상사의 발표가 끝나지 않아 정작 내가 준비한 부분은 발표도 못하고 끝낸 적은 없는가. 회의시간에 늦는 사람을 기다리느라 많은 사람들이 시간을 낭비한 적은 없는가. 혹은 회의시간에 상사와 반대되는 의견을 마음속으로 읊조려 본 경험이 있는가. 만약 상사가 직위를 떠나 개인 의견으로 공평하게 듣고자 했다면 여러분은 어떨까? 이처럼 존중을 보이는 행동은 사소한 곳에서 차이를 드러낸다.

존중은 요구한다고 강요한다고 받을 수 있는 것이 아니다. 존중은 마치 부메랑과 같다. 상대방에게 존중을 표해야 그 존중이 다시 내게로 돌아온다. 내가 먼저 상대방을 인정하고 존중해 주어야 곧 내가 존중받을 수 있다.

직원 개개인이 상대방을 존중하는 태도는 그가 존중받았던 경험에서 시작한다. 우리가 한국이라는 문화 속에서 바른 예절을 배우고 자란 것처럼 존중도 학습된 행동이다. 존중의 실천도 이와 마찬가지다. 작은 행동이라도 변화를 이끌기 위해서는 조직이 직원에게 존중받는 느낌을 지속적으로 경험하게 해 주어야 한다. 작은 차이가 큰 차이를 만들어 낸다. 그래서 존중은 한 끗 차이다.

일상의 갈등 완화하기

진정한 존중은 갈등을 줄여 준다. 또한 그 갈등을 긍정적인 에너지로 전환할 수 있다. 조직에서건 일상에서건 갈등이란 생소한 것이 아니다. 하지만 갈등이 문제가 되는 것은 우리 눈에 많이 드러나지 않고 관계 속에 오묘하게 감정과 얽혀 언어와 행동으로 드러난다는 것이다. 누군가와 갈등 상황에 있을 때 그걸 즐기는 사람이 있을까. 누구에게나 갈등은 불편할 뿐이다.

갈등이 일어나는 원인은 다양하다. 다른 경험이나 관점, 다른 태도, 문화가 다름에서 오는 다양한 가치로 인해 일에 대한 우선순위가 달라지거나 다른 니즈, 다른 기대, 다른 성향 등 모두 다름에서 갈등은 생겨난다. 때에 따라서는 적절한 의사소통이 이루어지지 않아 갈등이 불거지는 경우도 있다.

갈등의 신호는 언제나 어디서나, 의식적으로나 무의식적으로나 다양한 형태로 나타날 수 있다. 가령, 얼굴을 쳐다보지 않는다거나, 눈을 흘긴다거나, 질문에 대꾸도 하지 않거나, 말투가 퉁명스럽거나, 의견을 깎아내리거나, 의견을 말할 때 부정적인 감정이 섞여 있는 경우 갈등의 잠재적인 신호인 셈이다. 이러한 반응은 상대방의 의사가 반영된 것으로 상대방의 생각을 보여 준다. 물론 상대방은 언어로 갈등 신호를 직접 표출할 수도 있다. 직접 항의를 할 수도 있고, 뒤에서 상대방이 내가 알아차리도록 의도적으로 험담을 했다면 갈등은 개인 차원을 넘어설 정도로 심각한 수준이다.

갈등 상황을 최소화하기 위해 일단 갈등이 생기거나 생길 가능성이 있는 것을 포착해 내는 것이 중요하다. 만일 갈등이 생겼을 때는 적절하게 갈등을 드러내고 빠르게 해결하려는 노력이 중요하다. 갈등 상태가 오래 지속되면 일을 할 수 있는 에너지가 흩어지고 자원 낭비가 일어난다. 팀에 긴장감이 높아지고, 서로 소통하고자 하는 의욕이 떨어지고, 서로 비판하고, 신뢰도가 떨어지게 되는 현상이 나타나 팀이 제대로 기능하는 데 방해가 된다. 특히 관계에서 오는 감정에 영향을 미치는 이러한 갈등은 팀의 건강을 생각하면 오래 둘 수 없다. 갈등의 출발점, 그 속에 들어 있는 갈등 요소를 바라보는 입장의 차이, 그리고 상대방의 특징과 반응을 감안하여 적절한 해법을 찾아야 한다.

갈등 완화의 첫 출발점은 서로의 차이를 최대한 빨리 알아채는 것이다. 차이에 대한 인식은 그동안 고민했던 모든 문제를 간단하게 해 준다. 문화, 세대 차이, 서로의 편견에서 오는 차이, 생각과 의사소통 방법의 차이 등을 인정하고 나면 문제를 좀 더 편안하게 바라볼 수 있다.

가끔 롤 플레이를 이용하여 상대방 입상이 되어 보는 방법이 효과적일 때가 있다. 의자를 여러 개 놓고 그 의자에 앉으면 그 사람의 입장에서 생각하고 얘기하고 토론한다. 이러한 롤 플레이를 하고 나면 참석자들은 상대방의 관점에서 문제를 바라보게 된다고 말한다. 다양한 니즈와 관점, 느낌, 어려움, 흥미도 등을 언급하고 나면 훨씬 서로의 차이를 딛고 협조하거나 윈윈 구조로 이끌기가 용이해진다.

여기서 주목할 것은 갈등을 바라보는 태도다. 서로의 차이와 입장을 존중하고 함께 윈윈하고자 하는 관점과 태도가 갈등을 원만하게 해결하는 데 도움이 된다. 듀폰은 존중에 대한 정의를 재정립하는 단계에서 갈등 상황의 태도에 대해 전 세계 직원들의 의견들을 모았다. 그중 다름 속에서 서로의 생각을 표현할 수 있도록 존중하는 태도에 주목했다. 이러한 태도를 보이는 데는 여러 가지 세부 행동들이 있다.

- ▶ 함께 동의하고 연결하고 지원할 수 있는 부분을 찾는다.
- ▶ 항상 옳지 않다는 사실을 인정한다.
- ▶ 서로 다른 스타일과 의견 차이가 어디서 발생하는지 찾아본다.
- ▶ 가능한 커뮤니케이션 방법을 이용하여 서로의 생각을 나타낸다.
- ▶ 아무리 스트레스나 압력이 있는 상황에서도 정중함을 잃지 않는다.
- ▶ 서로 긴장되는 순간에 대해 예민해지자. 때에 따라서는 차 한잔이나 쉬는 시간을 제안한다.

갈등을 존중으로 넘어선다는 것, 그것은 차이에 대한 인식, 그 차이를 바라보는 태도에서 시작한다. 일상에서 존중을 표현하고자 노력하는 당신은 이미 품격인이다.

건강한 자아존중감 갖기

자아존중감은 자신감, 신념, 태도, 트라우마, 문화처럼 우리 잠재의식 속에 있기 때문에 쉽게 드러나지 않는다. 오직 스스로 자기의 자아존중감이 어떠한지 살펴볼 수 있다. 다행인 건 이러한 자아존중감은 개인의 노력에 따라 관리가 가능하다. 자신이 현재 건강한 자아존중감을 갖고 있는지 아닌지, 자아존중감이 건강하지 않다면 어떠한 이유에서 그런지, 어떻게 하면 다시 건강한 자아존중감을 가질 수 있을지에 대한 개인적 노력이 동반되어야 한다.

내 자신을 있는 그대로 사랑하자

내가 코칭을 처음 접한 것은 2000년 여름, 홍콩에서 온 강사에게서였다. 그때 코칭이란 사람의 잠재력을 기반으로 그의 마음속에 답이 있음을 알고 도와주는 협력관계임을 알게 되었다. 수업이 끝날 무렵 우리는 만난 적이 없는 새로운 고객들을 만나서 영향력 있는 코칭을 하는 그만의 비밀을 물어보았다. 그는 고객을 만나기 전에 화장실이나 조용한 곳에 가서 거울에 비친 자신에게 이렇게 말한다고 한다. "넌 할 수 있어." "고객은 분명히 너를 좋아할 거야. 넌 매력적이야." "넌 훌륭해." 이것은 스스로 자긍심을 강화시키는 셀프 토크다.

코칭을 하다 보면 고객의 삶의 의미, 가치, 신념 등에 대한 얘기를 나눌 때가 많다. 또한 그러한 존재에 대한 질문들에 대한 고객의 답과 성찰을 많이 끄집어냈을 때 고객이 원하는 해답을 찾을 수 있다. 이를 위해 종종 이렇게 질문한다.

"자신에게 뭐라고 얘기해 주고 싶은가요?"

"자신에게 칭찬을 한다면 뭐라고 하고 싶은가요?"

이런 질문을 던지면 의외로 침묵이 흐를 때가 있다. 많은 고객들이 자기 자신을 엄격한 잣대로 재거나 완벽을 기하는 경우가 많기 때문이다. 자신에 대한 평가의 잣대를 내려놓고 있는 그대로의 모습으로 봐 주고 인정과 격려를 하는 것이 중요하다. 이를 위해 셀프 토크는 자신에게 힘을 불어넣어 줄 수 있는 매우 좋은 방법이다.

인공두뇌심리전문가 멕스웰 멀츠 박사는 상상의 경험과 실제 경험이 얼마나 다른 효과가 있는지를 증명했다. 15명의 학생을 농구 코트에서 5명은 일주일 동안 실제 연습을 시켰고, 5명은 상상으로만 농구 연습을 했다. 그리고 나머지 5명은 아무것도 하지 않고 그냥 있었다. 일주일이 지난 후 실제 테스트를 해본 결과 실제 연습한 그룹은 24%의 향상을, 상상으로 연습한 그룹은 23% 향상을, 나머지 그룹은 향상이 나타나지 않았다. 자신에게 지속적으로 되새기는 셀프 토크는 이처럼 마음속으로 재강화시켜 실질적인 향상 효과를 보인다. 매일 거울을 보며 내 자신에게 얘기하자. "있는 모습 그대로 사랑한다"고. 스스로 있는 모습을 보고 소중하게 생각하고 귀하게 여길 때 다른 사람도 존중할 수 있다.

타인과의 경쟁보다 가장 중요한 것은 자신과의 경쟁이다

일 년에 한 번 전 세계적으로 글로벌 리더가 될 인재들을 모아놓고 교육할 때 글로벌 디렉터의 연설이 매우 인상적이었다.

"당신들은 이 자리에 경쟁을 하기 위해 온 것이 아닙니다. 서로 배우고 협력하고 성장하기 위해 온 것입니다. 당신들이 경쟁할 때는 영역이 제한되어 있지만, 함께 성장하고 커갈 때 그 영역은 무한대로 넓어질 것입니다."

우리는 어릴 적부터 남과의 비교에 익숙해져 있다. 누구는 결혼을 했는데, 누구는 어느 대학을 갔는데, 누구는 승진을 했는데, 누구는 자격증을 땄는데… 비교하기 시작하면 항상 내 기준보다 타인의 기준에 맞추게 된다. 그건 나의 인생을 사는 것이 아니라 타인의 인생을 사는 것과 같다. 정말 중요한 것은 내가 목표한 바에 따라 최선을 다했는가가 가장 의미 있다. 나의 오늘이 어제보다 나아질 때 그것이 행복과 성공으로 가는 길이다. 진정한 경쟁자는 내 자신이다.

실수를 인정하자

나는 자신의 틀이 강하고 완벽을 지향하는 후배들을 만나면 항상 틀을 깨고 부수는 연습을 하라고 조언하곤 한다. 살아온 모습에 따라 자신의 틀을 인정하는 것과 그 틀을 내려놓고 새로운 것을 받아들이는 데도 많은 용기와 노력이 필요하다.

한번은 대학 졸업생들을 중심으로 면접을 실시한 적이 있다. 한 지원자는 자신의 강점은 완벽주의자라고 했다. 하지만 개인생활에서 가장 어려웠던 적을 물어보니, 자신이 한 일이 완벽하지 않았을 때 개인적으로 어려움을 느낀다고 했다.

우리는 항상 완벽할 필요는 없다. 또한 우리가 실수했을 때 실수를 인정하자. 그러면 새로운 상황과 새로운 것에 눈뜰 수 있다. 실수는 새로운 것을 배우고 한 단계 더 성장할 수 있는 배움의 창이다. 실수를 배움의 기회로 받아들이자.

인생은 긴 여정임을 잊지 말자

요즘처럼 변화가 많은 시기에는 다양한 인생의 터닝포인트가 생긴나. 더할 나위 없이 행복하고 모든 게 완벽하다고 생각될 때 동전의 이면처럼 낭떠러지가 기다리고 있기도 한다. 때론 정말 끝이 없이 이어진 터널이라고 생각했는데 나도 모르는 사이에 터널의 끝이 보이고 상승세를 탈 수도 있다. 언젠가 직원 교육을 할 때 한 리더가 질문을 던졌다.

"당신은 시계를 끌고 가는 사람인가요, 아니면 시계에 끌려가는 사람인가요?"

자신이 얼마나 자기 삶에서 주도적으로 살고 있느냐는 질문이었다.

우리 삶을 둘러싼 외부 환경은 언제든 바뀔 수 있다. 그런데 그 변회에 지나치게 민감하면 어느넛 진정한 나는 사라지고 대양에서 표류

하는 나를 발견하게 된다. 지금 현재에 충실하며 즐기자.

앞으로 다가올 많은 변화 혹은 어떤 상황에서나 내 자신이 인생의 주체가 되는 것이 중요하다. 내 자신이 외부환경에 영향 없이 흔들림 없을 때 내 인생의 주도성을 쥐는 것이다. 항상 변화를 즐기고, 도전과 배움을 즐기고, 내 자신이 쏟은 열정과 노력을 칭찬하고 인정하자. 인생은 아직도 진행형이다.

존중하는 행동 스스로 체크하기

사람들과 함께 지내면서 나의 행동이 과연 상대방에게 존중받을 행동인지 아닌지에 대해 쉽게 확인할 수 있다면 얼마나 좋을까. 정확하게 이해가 가지 않을 땐 다음과 같은 질문으로 스스로 생각해 보고 체크해 보사.

상대방이 나의 행동을 환영할까?

내가 어떤 행동을 할 때 상대방이 어떻게 생각할지 먼저 그려보자. 만일 상대방이 환영하지 않을 행동이라면, 나의 의도와는 상관없이 내 행동이나 말이 존중하지 않는 걸로 받아들여질 가능성이 높다. 중요한 것은 내가 아니라 상대방이 어떻게 받아들이냐. 결국 상대방을 존중했는지 안 했는지는 상대방이 그 말과 행동을 환영했는지 안 했는지에 따라 결정된다. 환영받을 만한 행동은 상대방에게 긍정적이고, 자긍심을 높이며, 관계를 돈독하게 하고 일을 하는 데 있어서도 긍정적인 효과를 미칠 수 있다. 그렇지 않은 경우는 앞서 살펴본 것처럼 부정적인 영향이 크다. 행동하기 전에 나의 행동이 어떻게 비쳐지고 받아들여질지 미리 생각해 보고 체크해 보는 습관은 존중하는 환경을 만드는 데 도움이 된다.

행동의 의도와 그 영향은 무엇인가?

만일 그 행동이 의도와는 상관없이 상대방에게 부정적으로 비춰졌다면, 그것은 사실상 존중이 결여된 행동이 될 수 있다. 존중받는 행동인지 아닌지에 대해서는 사실상 상대방이 결정을 하기 때문이다. 행동의 영향이 어찌 보면 행동의 의도보다 더 중요하다. 그래서 의도에도 관심을 가져야 하나 행동이 상대방에게 어떻게 받아들여질지에 더 많은 관심을 가져야 한다.

영어에서 "Put oneself in a person's shoes"라는 표현이 있다. 우리나라 말에는 역지사지, 즉 남의 입장에서 생각해 보라는 뜻이다. 동서양이 통하는 표현이 있다는 것은 그만큼 사람이 살아가는 데 유용한 가르침이다.

회사에서는 백금률Platinum rule이라는 것을 자주 인용한다. 백금률이란 "다른 사람이 원하는 바 대로 그들을 대접해 주라(Treat others the way they want to be treated)", 즉 내가 원하는 방식이 아니라 상대방이 원하는 방식으로 맞춰서 행동하라는 것이다. 진정한 존중은 상대방이 뭘 원하는지 이해하고, 그러고 나서 내가 상대방을 위해 행동해야 하는 백금률을 실천함을 뜻한다. 인간관계에서 그 행동의 영향이 의도와는 다르게 부정적으로 비칠 수 있는 가능성을 최소화하는 것이다.

상황 속에 어떤 힘이 존재하며, 누가 그 힘을 가지고 있는가?

관계의 불협화음이 일어나는 상황을 자세히 살펴보면 서로 다른 차원의 힘이 개입되는 경우가 종종 있다. 특히 Gfk*에서 발표한 나라별 가치에도 한국, 인도, 중국, 대만은 권위지향적인 나라에 속한다. 그러다 보니 사회적 지위를 지향하고, 권위로 존중받길 바라며, 권위에 의한 힘의 역학이 있을 수밖에 없다.

그런데 힘의 역학에 작용하는 요소가 단지 권력만은 아니다. 직급, 권력과 같은 사회적 형식의 힘, 정보, 경험, 경제적 능력, 물리적 힘 등 개인적 요소로서의 힘, 혹은 다수가 있는 단체의 멤버십, 인간관계기술 등 사람 관계에서의 힘도 보이든 보이지 않든 영향력을 행사한다. 상대방을 존중한다는 것은 말과 행동을 할 때 이러한 힘의 영향은 없는지 살펴보고, 그 영향력을 최소화하는 것이다. 각 개인을 있는 그대로 인정해 보자. 힘의 불균형을 넘어서 존중이 보일 것이다.

● RRW 2007 Values Factbook, Roper Reports World Wide, Gfk Roper Consulting

웃는 얼굴의 힘

　다른 회사에서 듀폰을 벤치마킹 하기 위해 많이 찾아온다. 벤치마킹을 하고 돌아가면서 가장 많이 들은 얘기는 듀폰 사람들의 표정이 다 비슷하다는 것이다. 어떻게 보이느냐고 물으면, 다들 웃는 얼굴이라고 한다.

　사람들의 웃음은 문화의 질을 드러내는 한 가지 표현양식이다. 웃는 얼굴에 대한 흥미로운 연구가 있다. 사진을 보고 그들이 얼마나 행복하고 건강하고 성공했는지를 알아보았다. 그들이 주목한 점은 바로 '미소'. 사진 찍을 때 진짜 미소를 지은 학생, 가짜 미소를 지은 학생을 구분해서 보는 것이다. 그 결과 진짜 미소를 지은 학생들이 더 많이 결혼하고, 결혼을 유지하고, 삶에 대한 만족도가 높았으며 심지어 연봉도 높았다고 한다. 그런데 이러한 결과는 30년이 지나서도 마찬가지였다고 한다.● 진정 행복하고 편안함이 얼굴에 있는 그대로 진짜 미소로 나타나는 것이다.

웃음은 15개의 안면근육을 동시에 수축하게 하고 몸에 있는 650개 근육 가운데 230여 개를 움직이게 만드는 자연적인 운동이다. 웃음의 종류만도 열아홉 가지나 된다고 한다. 마음은 울고 있는데 얼굴에 웃음을 지을 수 있을까. 혹은 화가 나는데 아무렇지 않은 듯 웃고 있을 수 있겠는가. 얼굴에 미소와 웃음이 번져 있다면 회사의 문화가 그만큼 직원의 마음에 자연스런 웃음으로 표현될 수 있는 좋은 문화임을 뜻한다.

웃음은 문화를 만들어가는 힘을 함께 지닌다. 스웨덴 웁살라대 울프 딤베리 교수는 사람의 얼굴 표정은 어떤 점에서는 전염된다고 한다. 그는 웃거나 찡그리고 있는 사진을 피험자에게 보여 주고 그들의 근육 활동을 측정하는 실험을 했다. 그 결과 사진을 보여 주고 나서 1,000분의 몇 초 내에 피험자들의 얼굴 근육이 반응하는 것을 알아냈다. 이 반응은 관련된 감정에 따라 특이적으로 나타났는데, 행복한 얼굴로 미소 짓는 것과 관련 있는 광대근육의 활동이 높아졌고, 화난 얼굴은 찡그리는 데 사용되는 눈썹주름근에 활력을 주었다. 뿐만 아니라 행복한 얼굴은 피험자의 행복한 감정을 증가시켰고, 화난 얼굴은 두려운 감정을 증가시켰다. 미소와 웃음이 우리에게 주는 긍정효과다.**

심리학자 실반 톱킨스는 안면피드백이론을 선보였다. 이것은 우리 감정을 조절하고 원하는 방향으로 이끌 수 있다는 것인데, 웃다 보면

● 모든 것을 이기는 태도의 힘, 김진세, 알투스, 2015
●● I 쁜뇌, 강동화, 워스넘하우스, 2011

이때 생기는 화학적 반응으로 기분이 좋아진다는 것이다.* 웃으면 행복해지고, 행복하면 웃음이 나는 긍정적 상호작용인 셈이다.

미소나 웃음을 표현할 때 주의할 점이 있다. 문화에 따라 어떤 웃음은 안 좋게 보일 수 있다는 점이다. 언젠가 스위스에서 유럽 직원들을 대상으로 존중에 대한 교육을 실시한 적이 있다. 거기서 새롭게 배운 것은 단순히 웃는 것에 대한 의미도 문화적 차이가 있다는 것이다. 이유를 알 수 없는 웃음은 북유럽 사람들 눈에는 아무 생각이 없는 것처럼 보일 수도 있다고 한다. 우리나라에도 백치미 혹은 실없는 사람이라고 표현하기도 하니 말이다. 아무 때나 미소를 날리는 것이 아니라 솔직하게 마음을 담아서 표현해야 한다. 관계 속에서 얼굴에 비친 미소가 진짜 미소인지 가짜 미소인지 본능적으로 알아차리게 된다.

그래서 함께 웃을 수 있는 분위기를 만드는 것도 중요하다. 다양한 나라 사람들과 이런저런 얘기를 하다가, 공항에서 어느 나라 사람인지 쉽게 알아차리는 방법에 관하여 얘기를 나눈 적이 있다. 다른 나라 사람들의 눈에 한국 사람들은 빠른 걸음으로 무뚝뚝한 얼굴로 지나간다는 것이다. 그런 한국 사람들이 상대방을 웃음으로 대한다는 것은 일단 상대방에 대한 열린 표현이라고 하겠다.

웃음을 만국어라고 했던가. 언어로 자기 생각과 마음을 표현하지 않고도 얼굴 표현만으로 마음을 표현하고 또한 상대방의 마음을 바로 읽을 수 있기 때문이리라. 한국인이든 미국인이든 인도인이든 어느 문화권에 있느냐와는 상관없이 웃음을 머금고 있다는 것만으로 상대

● 모든 것을 이기는 태도의 힘, 김진세, 알투스, 2015

방에게 한걸음 다가설 수 있다.

나는 눈이 아주 작다. 그럼에도 좋은 점은 한번 만난 사람들도 기억해 준다는 것이다. 또 작고 자연스럽게 웃는 모습이 매력이라고 한다. 그래서 살짝 미소를 머금어도 금세 웃는 얼굴이 된다. 나와 함께 일하던 다른 나라 직원들은 내게 '인간존중' 핵심가치를 가장 잘 실현하는 사람으로 태어났다고 농담을 하곤 했다. 그냥 있어도 늘 웃는 얼굴이니 말이다.

당신의 얼굴을 살펴보자. 당신은 직원들을 보면서 마음을 담아 미소 짓고 있는가, 혹은 가족들을 환한 웃음으로 대하는가. 더 밝게 웃어 보자. 웃음은 전염된다.

목소리 톤과 말투, 얼마나 중요할까

10여 년간 직원 교육과 리더십 개발을 담당해 오면서 명확한 발음과 신뢰와 확신을 주는 목소리 톤이 몸에 배어 있다. 또한 교육시간에는 쉽게 알아들을 수 있도록 생각을 정리해서 간결하게 포인트만 얘기하는 스타일을 선호했다. 이러한 커뮤니케이션 스타일은 회사 생활을 하는 데, 특히 국제적인 업무환경에서 강점으로 작용했다.

그런데 내 목소리 톤을 어느 순간 바꿀 필요를 느꼈다. 일에 대한 얘기가 아니라 사람들과 얘기를 나눌 때, 사람들이 좀 더 편안하게 속마음을 털어놓게 하고 싶다는 생각이 들었다. 하지만 딱 떨어지는 목소리 톤은 내 의도와는 상관없이 왠지 문제에 대한 해답을 주는 것 같고, 상대방의 의견에 대해 평가를 하는 것 같고, 상대방의 얘기를 수용하기보다는 내 의견이 전달되는 것 같았다. 그로 인해 상대방이 어렵게 열기 시작한 마음을 닫아 버리는 게 아닐까 하는 생각이 들었다. 회사의 존중이라는 가치를 내재화하면서 개인의 목소리 톤과 말투까지 생각하게 될 줄 어찌 알았으랴.

개인적인 도전이었다. 근심거리나 혹은 편하지 않은 얘기를 꺼내는 데 있는 그대로 들어주고, 이해해 주고, 받아줄 거라는 안정적인 심리적 공간을 제공하고 싶었다. 왠지 내 목소리 톤이 그런 면에는 긍정적인 효과를 미치지 않는 것으로 보였다. 상대방이 무슨 얘기를 하더라도 편안한 마음으로 나를 믿고 사적인 얘기를 꺼내고 싶은 분위기를 만들어 내고 싶었다. 그래서 목소리 톤과 어조, 억양, 말투에 관심을 갖고 바꾸는 노력을 지금도 계속하고 있다.

핵심가치는 모든 직원들이 가치를 이해하고 또한 그에 맞게 생각하고 행동해야 하므로 내재화가 중요하다. 일관적인 내재화를 위해 회사는 지속적인 커뮤니케이션과 교육을 진행한다.

나는 전 직원을 대상으로 존중에 대한 교육을 진행하면서 목소리 톤과 말투에 대해 얘기를 나눌 기회가 있다. 흥미롭게노 식원늘은 회사뿐만 아니라 가정에서도 똑같이 존중이 적용되어야 한다고 입을 모았다. 가정에서의 존중을 표현하는 목소리 톤과 말투에 대한 성찰이 많이 일어나는 듯했다.

어떤 직원은 아빠의 권위를 보여 주기 위해 강한 어조로 말했던 것을 반성하고 친구처럼 가까이 다가가고 싶다고 했다. 또 회사에서 말을 너무 많이 해 집에 가면 입도 뻥끗하기 싫다며, 배우자나 아이들이 말을 걸어오면 퉁명스럽게 대해 상대방이 서운해하고 토라지기도 한다고 했다. 또 어떤 직원은 아이들이 말을 안 들으면 무작정 소리를 지르고 했는데, 아이들의 얼굴 표정이 바뀌며 방으로 들이가 문을 딛고 나서야 잘못 되었다는 걸 느꼈다고 한다. 또 때에 따라선 어른들의 말을 무시하는 아이들의 말투에 화가 나는데, 그것이 바로 자신의 목소리 톤과 말투 때문에 빚어진 것이라 반성했다고 한다.

부모로서 권위를 갖는다는 것은 부모로서의 힘을 자녀에게 보인다는 뜻이다. 그 힘이 존중이면 어떨까. 아이들을 하나의 인격체로 보고 존중한다면 분명 아이들과의 대화에서도 말투와 어조가 달라질 것이다. 물론 배우자에게도 마찬가지다.

'EBS 초등성장보고서'에서 엄격하기로 소문난 선생님이 아이들과 가까워지기 위해 존재감 향상 프로젝트를 시행했다. 즉 애정 있는 교사 되기 프로젝트인 셈이다. 선생님의 아이들의 존재감 향상을 위한 행동지침은 크게 네 가지로 정했다.

1. 매일 모든 학생의 이름 부르기
2. 부드러운 청유형 말투 사용하기
3. 교단을 벗어나 눈높이 교육하기
4. 학생의 작은 행동에도 칭찬과 격려하기

선생님은 이 네 가지 행동지침을 지속적으로 시도하였다. 매일 모든 학생의 이름을 불러주었다고 한다. 자기 이름이 불리는 것에 대한 인식을 못하고 있다가 서서히 선생님에게 관심을 받고 있음을 알아차리면서 학습 분위기도 바뀌었다고 한다. 사실 작은 변화가 모여 큰 변화로 이어진다. "숙제 검사할 거야"라고 권위적으로 딱딱하게 지시하기보다는 "모두 숙제 책상 위에 올려놔 주세요" 하고 학생들의 동의를 얻고 스스로 하도록 기다려 주었더니 놀랄 정도로 아이들의 자율성이 높아지면서 존재감의 변화를 보였다고 한다. 지시형에서 청유형 말투로 바꾼 후 학생들의 태도가 바뀐 것이다.●

이러한 변화는 회사에서도 마찬가지라고 생각한다. 실제로 회사 주변에 있는 유명 커피숍에서는 아르바이트생들이 주문할 때 손님들이 얼굴도 쳐다보지 않고 무뚝뚝하게 주문하여 마치 기계 취급을 받는다는 고충을 토로한 적이 있다. 이를 바꾸기 위해 커피숍에서 캠페인을 실시했다. 주문할 때 아르바이트생의 이름을 불러주면 커피를 업그레이드해 주는 것이었다. 그 결과 분위기가 한결 부드러워지고 웃음꽃을 피울 수 있었다.

주변을 살펴보자. 아침에 가족 간의 대화, 사무실에서 직원과의 대화, 고객과의 전화 내용, 퇴근하면서 무심코 듣게 되는 주변 사람들의 이야기…. 내 얘기를 듣는시 마는지 건성으로 하는 대답, 나를 무시하는 듯한 말투, 내 기분은 고려하지 않고 질러대는 한마디, 너무 단정적이라 덧붙이기 어려운 차가운 톤….

우리가 정작 감정이 상하는 것은 상대방의 말투와 톤인 경우가 많다. 사람마다 다른 부분에서 영감을 얻고, 자기 스타일에 맞게 자신을 개발해 나가겠지만, 문화 환경적으로 서로에게 영향을 미칠 수 있는 부분은 너무나 많다. 우리는 스펀지처럼 주변 감정에 아주 쉽게 영향

● 초등성장보고서 : 어른들이 꼭 알아야 하는 대한민국 평균 초등생들의 진짜 솔직한 이야기, EBS 나큐프라임 '초등성장보고서' 제작팀, EBS미디어, 2014

받기 때문이다.

　진정한 존중은 가정에서 먼저 시작되어야 한다. 이것은 교육에 참여한 직원들이 교육을 마치면서 얻는 중요한 성찰 중 하나다. 가장 가까운 사람을 존중으로 대할 때 진정 타인을 존중할 수 있다. 회사의 가치가 가정생활에까지 영향을 미칠 수 있다는 것은 정말 의미있고 보람찬 일이 아닐 수 없다. 가정에서부터 목소리 톤과 말투를 바꿔 보는 것은 어떨까? 우리의 작은 시작이 모여 존중으로 가는 길이 된다.

경청 : 눈, 귀, 마음으로 듣기

대화의 신 래리킹이 "대화의 90%는 경청, 대화의 첫 규칙은 듣는 것"이라고 말했다. 마음을 열고 상대방의 의견을 듣는 것이야말로 커뮤니케이션의 가장 근간이며, 가장 중요한 부분임을 강조하는 것이다. 또한 잘 들어주는 것만으로 사람들은 존중받았다고 느낀다.

어느 날 큰아이가 학교통신문을 가지고 왔다. 예전에 들은 적이 있는 이야기였지만, 다시 한 번 읽으니 마음에 많이 와 닿았다.   .

학자이며 정치가이고 주한 미국 대사였던 제임스 레이니가 미국 에모리대 교수로 있던 시절의 이야기다. 그는 매일 집 근처 공원을 지나 걸어서 출퇴근을 하였는데, 오후에 공원을 지날 때면 평범해 보이는 노인이 혼자 벤치에 앉아 있었다. 그는 퇴직 후 쓸쓸히 시간을 보내고 있다고 생각했다. 다음 날도, 그 다음 날도 노인은 혼자 앉아 있었다.

레이니 교수는 노인에게 조용히 다가가 다정하게 말을 걸었다. 그 후 그는 시간이 날 때마다 노인을 찾아가 차를 마시면서 말동무가 되어 주었는데, 그렇게 2년의 시간이 지났다.

그런데 어느 날부터 매일 이야기를 나누던 노인의 모습이 보이지 않았다. 노인의 집을 방문한 레이니 교수는 노인이 바로 전날 세상을 떠난 것을 알게 되었다. 그리고 장례식장에서 그 노인이 코카콜라 회사 조이주에타 회장이라는 것을 알게 되었다. 깜짝 놀란 레이니 교수 앞에 어떤 사람이 나타나 봉투를 건네며 말하였다.

"저는 조이주에타 회장님의 변호사입니다. 회장님께서 남긴 유산이 있습니다."

봉투 안에 들어 있는 조이주에타 회장의 유서를 본 그는 더 깜짝 놀랐다.

"나의 친구 레이니에게, 당신은 지난 2년 동안 나의 말벗이 되어 준 좋은 친구였어요. 노인이 된 나는 친구가 많지 않았는데, 당신이 있어 행복했어요. 레이니, 매일 함께 차를 마시며 내 이야기를 들어줘서 참 고마워요. 나는 당신에게 25억 달러(우리 돈으로 2조 7,500억 원)와 코카콜라 주식 5%를 유산으로 남깁니다."

엄청난 유산을 받게 된 레이니 교수는 그 돈을 에모리대학 발전기금으로 내놓아 많은 학생들이 꿈과 희망을 품고 장학금을 받아 공부할 수 있도록 하였다.

알지도 못하는 노인과 2년간 대화를 나누었다니, 우리 주변에서 쉽사리 찾아볼 수 없는 이야기다. 하지만 다른 사람의 이야기를 들어

주고 공감해 주는 것이 얼마나 값진 일인지 알려주는 얘기다.

경청의 의미를 생각하게 하는 듀폰의 리더십 교육이 있었다. 교육 참여자들은 2주 동안 액션러닝 프로젝트를 하고 나서 아시아태평양 사장단 앞에서 결과물을 발표했다. 한번은 똑똑하고 표현력이 좋은 한 참석자가 결과를 발표하면서 주어진 10분이 넘었는데도 계속 이어나 갔다. 그때 사장단에서 질문을 했고, 그는 대답하는 데 또 긴 시간이 걸렸다. 그러자 바로 사장단의 피드백이 있었다.

"상대방의 시간을 존중하면서 나의 의견을 전달하는 것은 중요하다. 그리고 상대방의 질문의 의도를 제대로 듣고 답변하는 것도 또한 중요하다. 당신은 나의 의견을 경청하지 않았다."

그때 그 참석자의 놀란 모습이 아직도 눈에 선하다. 나중에 만난 그는 아직도 그 순간을 또렷이 기억하고 있었고, 항상 시간을 존중하고 경청하는 것을 늘 되뇌인다고 했다.

한때 나도 의견을 적극적으로 표현하는 것이 내 존재를 드러내는 방법이라고 생각하며 모든 면에 적극적이었던 때가 있었다. 회의 중에도 질문이 나오면 가장 먼저 더 많은 의견을 내곤 했다. 그런데 부장 시절 함께 식사를 하던 직원이 "부장님, 회의 시간 중에 얘기를 적게 하고 많이 들어주는 모습이 더 성숙하고 더 시니어처럼 보여요" 하고 말했다. 그 피드백을 준 직원이 무척 고마웠다. 사실 내게 모멘트를 준 시점이었던 것이다. 내 의견을 많이 개진하는 것보다 더 많이 들어주는 것이 더 큰 신뢰감을 부여하고, 또한 그 영향력이 커진다는 것도 깨닫게 해 주었다. 삶은 늘 배움의 연속이나.

나의 상사 중에 자신의 강점은 경청이라고 말하는 분이 있었다. 그는 단순히 상대방의 얘기를 듣는 것뿐만 아니라 그 사람의 마음, 숨겨진 의향, 니즈, 드러내지 않는 감정까지도 들으려 노력한다고 했다. 그와 함께 일했던 삼 년 동안 그의 전문지식과 경험을 많이 배웠다. 더욱 값진 건 그가 다른 사람들에게 어떻게 열린 마음을 표현하고, 소소한 의견까지도 마음 깊숙이 들어주고, 지지해 주고, 인정해 주는지를 배울 수 있었다는 것이다. 참으로 감사한 시간이었다. 이처럼 경청은 사람과의 관계에서 없어서는 안 되는 기술이지만, 진정으로 귀 기울인다는 것은 단순히 말을 듣는 것 그 이상이다. 귀 기울인다는 것은 만남이라고 표현하기도 하고, 진정으로 상대방의 얼굴을 마주 보는 것이라고 한다.• 진정으로 존중한다는 것은 그의 마음을 들어주고 이해하고 공감하는 것이다.

듀폰에는 I.C.U라는 프로그램이 있다. 이것은 응급실I.C.U과 같이 들린다. 응급실에는 늘 급한 환자들만 모여드는 곳이다. 그만큼 응급실에서 다친 부분을 급하게 처리하듯 감정의 상처 또한 시기적절하게 다루겠다는 의미로 I See You를 응급실에 빗대어 간단하게 표시한 것이다. I.C.U 프로그램은 주변 동료들에게 "내가 당신을 관심있게 보고 있어요. 어려움이 있으면 언제든지 오세요"라는 메시지를 보내는 것이다. 이 프로그램을 다양하게 홍보하고 보급한 것은 주변 사람들에게 관심을 갖고 들어주고 공감해 주는 것의 중요함을 더욱 강조하기 위함이었다.

● 경청 : 왜 귀기울여 들으려고 하지 않나요?, Earnest Larsen, 조선희 옮김, 홍익출판사, 2000

사실 듀폰의 I.C.U 프로그램과 유사한 프로그램들이 공공차원에서 다루어지기도 한다. 개인적으로 인상 깊었던 프로그램은 호주의 R U OK Day* 프로그램이다. 호주에서는 매년 2,500명가량이 자살을 해 사회적 문제가 되고 있다. 이 자살률을 떨어뜨리기 위해 기획한 프로그램이 R U OK Day다. 매년 9월 10일 국가적 캠페인을 벌이는 이 프로그램은 매우 간단하다.

먼저 "Are you Okay?"라고 물어주고, 두 번째는 그 사람의 얘기에 귀 기울여 주고, 세 번째는 필요할 때 적절히 도움을 받을 수 있는 다른 사람을 연결해 주고, 네 번째는 지속적인 관심을 갖는 것이다.

우리도 자신을 포함하여 주변을 더욱 따뜻한 눈으로 살펴보자. 마음은 쉽게 드러나지 않는다. 우리가 모르는 사이에 더 많은 관심이 필요한 곳이 있을 것이다. 그들에겐 귀를 열고, 함께 있어 주고, 이야기를 들어주는 것만으로도 큰 도움이 될 수 있다. 눈, 귀, 마음으로 듣는 경청은 존중의 또 다른 표현이다.

● https://ruok.org.au/inspire-conversations

긍정단어 사용하기

많은 사람들이 아직도 2010년 밴쿠버 올림픽 피겨스케이팅에서 김연아 선수가 금메달을 따던 때를 기억하고 있을 것이다. 공교롭게도 김연아 선수는 그의 경쟁자 아사다 마오 선수 바로 다음에 출전하였다. 아사다 마오 선수가 큰 박수를 받으며 경기를 마치자 순서를 기다리며 몸을 풀고 있던 김연아 선수의 얼굴에 번진 미소, 참 인상적이었다. 나는 사무실에서 직원들과 함께 손에 땀을 쥐며 경기를 지켜보았다. 그때 마침 긍정성에 대한 바바라 프레드릭슨의 『긍정의 발견』이라는 책을 보고 있었는데, 김연아 선수야말로 그 급박한 긴장감 속에서도 전혀 위축감이라고는 찾아볼 수 없는, 혹은 더욱 경쟁심에 불타오르는 초긍정인이라고 생각했다.

우리는 매시간 올라오는 부정적인 생각에 묻혀 살기도 한다. 누구는 정말 사소한 일에도 툴툴대기도 하고 부정적 시각을 보이기도 한다. 긍정적인 정서에 대하여 오래도록 과학적 근거를 제시해 온 바바라

프레드릭슨에 따르면, 긍정성은 우리를 더 나은 모습으로 변모시킨다. 긍정적인 정서는 마음과 사고를 열어주고, 우리 마음을 좀 더 수용적이고 창의적이게 만들며, 새로운 기술과 인맥, 지식과 존재방식을 발견하고 구축할 수 있게 해 준다. 또한 그는 긍정성을 지속적으로 유지하기 위해서는 3대 1 비율의 Tipping Point가 있다고 소개했다. 인간은 기본적으로 부정성이 강하기 때문에 긍정적인 삶을 이루어 가기 위해 세 배의 노력을 더 해야 지속적으로 긍정적인 모습을 유지할 수 있다는 것이다.

할 어반●은 긍정적인 말의 중요성에 대해 다양한 실험을 했다. 긍정적인 단어와 부정적인 단어 목록을 적은 후 대학생들에게 반응을 물었다. 5개 단어 목록을 부정단어와 긍정단어로 나누어 보여 주었더니 긍정단어를 봤을 때 분위기가 너무나 확연하게 바뀌었다. 학생들이 웃고 활기차게 대화하며, 긍정적인 에너지가 생기는 걸 확인했다. 단지 몇 마디의 말도 큰 영향을 미친다. 다양한 의견을 포용하고 존중하는 환경이 되기 위해서는 이러한 긍정적인 단어를 표현하는 노력이 필요하다.

한번은 아이들과 얘기를 나누면서 느낌을 표현하는 단어를 적어 본 적이 있다. 신나는, 편안한, 즐거운, 행복한, 사랑스런… 몇몇 단어를 가지고 그것을 반복하고 있다는 것을 알았다. 긍정적인 감정을 나타내는 단어들이 수없이 많은 데도 말이다. 예를 들면 대담한, 침착한, 흐뭇한, 자유로운, 충만한, 들뜬, 희망적인, 따뜻한, 뿌듯한, 성공적인, 포근한, 멋있는…. 그런데 사용하는 긍정단어의 숫자도 제한되어 있고

● 긍정석인 말의 힘, 할 어반, 박정길 옮김, 웅진윙스, 2006

이에 비해 때론 화난, 불안한, 부끄러운, 소심한, 쑥스러운, 심술난, 지친⋯ 어찌 보면 긍정적이지 않은 감정 표현을 더 많이 쓰고 있다는 걸 깨달았다. 아이들을 키우면서 그들이 내게 선생님이라는 생각이 들 때가 많다. 아이들 덕에 책을 보고, 더 생각하게 되고, 말까지 바꿔 가며 성숙해지니 말이다.

　존중하는 문화를 위해 우리가 사용하는 단어에 관심을 가져보자. 우리가 긍정단어를 사용하면 삶은 밝아지고 풍요로워진다. 또 만나는 사람과의 관계도 부드러워지고 따뜻해지고 행복해질 것이다. 이것이 내가 꿈꾸는 존중의 힘이다. 개인의 가치를 존중할 줄 알고 긍정단어를 쓰면서 하나씩 변해 가는 모습을 지켜보자.

안전거리 존중하기

    회사 생활을 하면서 다양한 사람을 만나게 되고 그들만의 선호방식이 있다는 것을 느꼈다. 그래서 가끔 상사나 멘토를 만나 다른 사람들의 스타일에 대해 여쭤 보곤 한다. 입사한 지 얼마 안 되었을 때 듀폰의 고위직 임원에 대한 어느 분의 조언이 생각난다. 그분은 안전거리를 매우 중시한다고 했다. 안전거리라니, 운전이나 길을 걸을 때 앞뒤 안전거리를 이야기하나 싶었다. 나중에 이것은 나와 상대가 얼마나 떨어져 있느냐에 대한 보디존Body zone이라는 것을 알게 되었다.

    인간과 인간 사이의 공간, 어느 만큼 거리를 두고 싶어하는 공간의 개념을 '보디존' 혹은 Proximity라고도 한다. 미국의 인류학자이자 비교문화연구가인 에드워드 홀은 인간의 보디존을 네 가지로 분류했다. 사람과 사람 사이의 거리가 약 45센티미터 이하일 때는 친밀한 거리intimate distance, 약 45~120센티미터일 때는 개인적 거리personal distance, 약 120~350센티미터면 사회적 거리social distance, 350센티미터 이상이면 공적 거리public distance라는 것이다.

　친밀한 거리는 가족, 친구, 사랑하는 여인 사이의 거리다. 이들은 서로의 간격에 들어와도 불편함이 없고 오히려 더 친숙하고 친밀하게 느끼고 아마 더 가까이 가려고 할 것이다. 개인적 거리는 친밀감은 있으나 아주 가깝지 않은 사이를 말한다. 보통 일상적인 대화를 나눌 때의 거리다. 사회적 거리는 예의와 격식을 갖춘 공식적인 대화가 이루어지는 사이를 말한다. 공적 거리는 강의를 듣거나 할 때 편안하게 느끼는 거리다. 요컨대 사람들은 자신이 설정한 관계에 따라 일정한 공간거리를 두고 싶어하며, 누군가가 너무 가까이 오면 자신의 보디존이 침해당했다고 느끼고 불쾌해지는 것이다.●

　미국 출장 때 종종 만나 개인적 얘기를 나누던 친구가 있었다. 그는 영국에서 미국에 온 지 2~3년밖에 되지 않았다. 우리는 미국과 영국 혹은 미국과 한국 문화의 차이점에 대해 의견을 나누곤 했다.

　한번은 그의 옆집에 사는 여자가 자기 집 난로에 문제가 있다면서 집에 찾아와 도와달라고 한 적이 있다고 한다. 두 사람은 현관문에서 얘기를 시작했는데 어느 순간 거의 거실에까지 와 있었다면서, 그 여자가 너무 저돌적이어서 매우 불쾌했다고 얼굴을 붉혔다. 물론 문화적 혹은 개인적으로 원하는 보디존이 조금 차이가 있을 수도 있지만, 그는 거리를 두기 원하는 편이었다. 그러다 보니 미국 여자는 자기 보디존을 유지하기 위해 다가갔고, 그는 멀리 떨어지기 위해 거실까지 옮겨 오게 된 것이다.

● 모든 것을 이기는 태도의 힘, 김진세, 알투스, 2015

그는 그때 불안하고 불쾌해서 무슨 얘기를 했는지 잘 기억이 안 난 다고 했다. 옆집 여자 때문에 자기 보디존을 존중받지 못했다고 생각한 것이다. 상대방을 존중한다는 것은 개인의 예민한 선호방식에 대해서도 관찰하고 이해하고 인지하고 인정해 줌을 의미한다.

사람은 물리적으로 일정한 거리 두기를 무의식적으로 행하는데, 이는 행동공간을 확보하는 단순행위가 아니고 심리적 안전감을 추구하기 때문이다. 이를 심리적 안전감Psychological safety이라고 표현하는 것을 유럽에서 직원들과 교육을 진행할 때 처음 들었다. 존중의 의미에 대해 논의할 때 상대방이 편안하게 자기 생각을 있는 그대로 보여줄 수 있도록 심리적 안전감을 제공하는 것이 존중이라는 것이다.

'내가 이런 얘기를 꺼내도 될까' 고민하다 보면 직장 내 아이디어와 개선 사항이 머릿속에 묻혀 버리는 경우가 있다. 열리고 포용적이며 어떠한 얘기를 꺼내더라도 편안하게 받아줄 수 있다는 안전감이 있어야 직원들은 생각을 자유롭게 표현한다. 물리적 공간에 대한 보디존을 인정하고 존중하는 것뿐만 아니라, 상대방이 감정을 느끼고 표현하는 데도 안전함을 느낄 수 있는 심리적 안전감이 필요하다. 다양한 의견을 자유롭게 개진하는 데 아무런 위험요소를 느끼지 않고 이를 포용할 수 있는 환경이 곧 심리적 안전감인 셈이다.

가장 입사하고 싶은 직장 1위인 구글 인사담당자들을 중심으로 실시한 조사에서 가장 탁월한 조직의 특성으로 심리적 안전감이 1위에 뽑혔다는 기사를 본 적이 있다. 심리적 안전감도 또한 상대방의 의견을 있는 그대로 받아들이는 손중하는 마음에서 더 탄탄해질 수 있다.

추측Assumption, 스스로 확인하기

아파트 베란다에 토마토 등 각종 채소들을 심어 놓았다. 하루가 다르게 잘 자라는 토마토 나무에 물을 주던 어느 날, 아침에는 멀쩡하던 토마토가 오후에 쓰러져 있는 것을 보았다. 아이들이 장난치다가 그랬다고 생각하고 "도대체 누가 토마토를 건드려서 이렇게 쓰러져 있는 거야?"라고 혼잣말을 했다. 이 말을 들은 큰아이가 "엄마, 직접 본 게 아니면 그렇게 얘기하는 게 아니에요. 토마토가 무거워서 혼자 쓰러졌는지, 아니면 우리가 쓰러뜨렸는지 모르잖아요. 잘 모르면서 넘겨짚는 건 안 좋은 거예요."

아뿔싸! 회사에서 늘 되뇌이던 "Check your assumption(추측 확인하기)"이 떠올랐다. 나는 이 구절을 메모해서 모니터 앞에 붙여놓고 늘 참고했다. 사람들과 건설적인 대화를 나누기 위해, 좀 더 중립적인 입장이 되기 위해 Check your assumption을 되뇌이곤 했는데, 정작 집에서는 살짝 놓쳐 버린 것이다. 추측은 사실이 아니거나 사실인지 아닌지 분명하지 않은 것을 임시로 인정하는 것으로 결론에 앞서 논리의 근거로 어떤 조건이나 전제를 내세우는 것을 의미한다.[•]

사회 생활도 매우 다양한 사람들이 다양한 이해관계 속에서 살아간다. 그 속에는 많은 오해와 아쉬움과 감정들이 얽히고설키게 된다. 이때 추측으로 생각하고 행동하다 낭패를 겪는 경우가 있다.

한번은 회사 밖에서 더 좋은 기회를 찾아 이직을 앞둔 어느 직원이 털어놓은 경험을 흥미롭게 들은 적이 있다. 그는 사직하기로 마음먹고 상사에게 보고를 했다. 다음 날 아침, 그 직원은 회사에 오자마자 이메일이 작동되지 않음을 확인하고 헬프 데스크에 문의했다. 결국 자신의 이메일 주소가 삭제되었다는 것을 알았다. 일단 사직 의사를 밝히긴 했지만 너무 빨리 이메일 주소가 사라졌다.

"그래도 그렇지. 사직서도 내지 않았는데 어떻게 이렇게 빨리?"

본인이 그토록 가치가 없는 사람이었는지에 대한 서운함이 몰려와 한동안 아무것도 할 수 없었다고 한다. 그래도 그럴 리가 없다고 생각한 그는 바로 상사에게 보고했다. 그리고 확인해 보니 너무나도 우연한 시기에 헬프 데스크 쪽에 단순한 실수가 있었던 것이다. 만일 내가 그 상황에 놓였다면 어땠을까. 감정에 사로잡히기 전에 먼저 확인해 볼 것을 권한다. 많은 경우 내가 생각하고 지레짐작했던 것보다 다른 경우가 종종 있다.

어떤 상황이 발생했을 때 그 사건과 관련하여 감정을 느끼게 된다면,

● 조직문화 기업문화, 박흥윤, 에세이퍼블리싱, 2014

그 감정이 객관적 단서로부터 나온 당연한 결과인지 아니면 지레짐작일 뿐인지 확인해 볼 필요가 있다. 정서적인 에너지를 쓰기 전에 나의 생각이 충분히 근거가 있는 것인지 한 번쯤 확인해 보는 것이다. 물론 확인 방법은 다양하겠지만, 다른 사람들은 그러한 상황을 어떻게 보는지 의견을 들어보는 것도 한 방법이다.

홍콩에서 교육프로그램을 진행할 때의 일이다. 큰아이를 임신하고 있었는데 일주 동안 진행된 프로그램을 혼자 리드하고 있던 터라 프로그램 운영에만 집중할 수밖에 없었다. 그런데 마지막 날 함께 일하던 직원이 회사를 그만둔다는 연락을 받았다. 워낙 신경이 곤두섰던 나는 갑자기 화가 치밀었다. 이 시점에 도대체 왜, 뭐가 문제란 말인가. 그동안 신경쓰고 챙겨줬던 게 서운하고 꼭 내가 출장 와 있는 동안에 그래야 했을까란 생각이 들었다.

나는 애써 화를 참으며 주변 사람들에게 의견을 구했다. 물론 기밀사항이어서 내 얘기가 아닌 것처럼 말했다. 주변의 의견은 우선 금요일에 얘기를 전한 것은 프로그램 진행을 하는 데 얼마나 신경을 쓰는지 알고 있기 때문에 끝나는 시점을 배려해서 전했을 것이라는 것, 그리고 퇴사 이유가 무엇인지 일단 그 직원에게 직접 들어봐야 한다는 것, 먼저 상황에 대한 편견을 버리라는 것 등이었다. 조언을 듣다 보니 직원이 퇴사한다는 소식에 지금 당장 내가 할 수 있는 일이 없었다. 돌아가서 상황을 파악해 봐야겠다는 생각이 들었다. 동시에 화도 어느덧 스르르 내려가 있었다.

이런 일도 있었다. 어느 공장 라인에서 작동이 멈춘 사이에 맥이라는 직원이 한쪽 방에서 공정에서 쓰던 물건들을 정리하고 있었다. 스티브라는 직원이 함께 있는 것을 확인한 맥은 그에게 도와달라고 요청했다. 하지만 그는 이를 거절했고, 맥은 더 이상 다른 말을 하진 않았다. 하지만 맥이 지나가면서 자신에게 눈을 흘기고 갔다고 생각하여 그가 맥에게 시비를 걸어 폭력 사태로까지 번진 사례가 있다.

이 사례도 자세히 들여다보면, 너무나도 사소한 추측과 오해에서 비롯된 것임을 알 수 있다. 맥이 스티브에게 도움을 요청했을 때 스티브는 다시 공정이 가동되면 쓸 것들이기에 정리를 할 필요가 없다고 생각했고, 맥은 실제로 눈을 흘기지 않았는데 부탁을 들어주지 않은 미안한 마음에 예민해져 있던 스티브는 실제로는 그렇지 않음에도 맥이 눈을 흘겼다고 생각했다. 눈을 흘겼다고 생각한 것도 사실은 스티브만의 추측이었다.

감정이라는 깃이 우리 봄의 여러 반응과 관련하여 함께 일어나기도 하지만 이러한 감정적 반응도 개인적인 추측과 해석 혹은 오해에서 발생하는 경우가 많다. 사람들과의 대화에서 어떻게 쳐다보고 어떻게 말을 하느냐를 상대방에게 어떻게 인지되고 해석되는지 서로 얘기를 나눠 보는 것은 오해의 가능성을 줄여준다. 상대방의 표정, 말에 대해 추측하기보다는 확인 과정을 거치는 것은 관계 유지에 도움이 된다.

요즘은 지원부서의 업무를 몇몇 나라에 중점적으로 모아놓고 다양한 나라에 공통 서비스를 제공하는 경우가 많다. IT, Finance, Sourcing 서비스 등 이러한 센터에서 근무하는 식원들은 다양한 나라와 일을 하다 보니 때에 따라서 시간을 미국 동부 시간에 맞춰, 서부 시간 혹은 유럽 시간에 조정해 놓고 일하는 경우가 있다.

아주 편안하지만은 않은 관계에 있던 한 상사와 부하직원이 있었다. 어느 날 상사는 부하직원이 일을 일찍 마치고 보고도 없이 갔다고 생각했다. 상사는 우연히 보게 된 직원의 하루 일과표에는 시간대가 아직 끝날 시간이 아니었던 것이다. 그래서 직원의 근무태도를 지적하게 되었고 그 과정에 갈등이 불거져 문제가 되었다. 그런데 나중에 알고 보니 그 직원의 하루 일과는 일하는 나라의 시간대에 맞춰져 있었고, 직원이 실제로 일을 마치고 나간 시간은 직원의 현지시간으로 문제가 없었다. 이것 또한 자신의 추측/가정으로 불거진 경우다. 한 번만 대화를 나누었다면, 상황에 대해 한 번 더 확인을 했더라면 이러한 관계상의 문제로 불거진 기회를 줄일 수 있었을 것이다.

상대방과 얘기를 나눌 때 혹은 상황을 바라볼 때 내가 생각하고 있는 게 상대방의 생각과 맞는지를 확인할 필요가 있다. 내가 생각하고 있는 게 맞다고 어림잡고 얘기를 하거나 지시를 하거나 질문을 하는 경우 또한 상대방에게 불편함을 줄 수도 있을 테니 말이다. 사람들과 얘기하며 말하거나 행동하기 전에 한 번씩 되새기자.

"Check your assumption."

함께 존중 표현하기 : 듀폰의 사례

　존중은 머릿속으로 생각하고 판단하지만, 정작 사람들의 말과 행동을 통해 드러난다. 존중을 문화적으로 강화하기 위해 존중을 보이는 핵심 행동을 파악하고 그런 행동을 직원들에게 전파하여 조직적인 행동패턴으로 보이도록 한다.

　듀폰에서 존중이라는 핵심가치를 강화할 때 유념했던 부분 또한 서로에게 단지 친절하게 잘 대해 주는 것만이 전부는 아니라는 것이었다. 다양성을 인정하는 것, 동기부여, 칭찬, 개인의 성장 등 근무지에서 나타나는 존중의 많은 부분을 고려해서 묘사하고 그러한 행동들을 표현하도록 권장해 왔다. 또한 핵심 행동들이 단순히 회사에서 제시하는 행동을 벗어나 구성원들이 함께 합의한 것들에 초점을 두었다. 함께 작업했을 때 행동으로 표현하고자 하는 의지가 담기기 때문이다.

　이를 위해 나라마다 지역마다 혹은 부서마다 함께 머리를 맞대고 합의된 행동규약을 만들었다. 이것을 만든 후 지속적인 내재화 작업을 함께했다. 대표적인 사례로 한국에서 선택한 행동규약으로 함께 존중을 표현한 경우를 아래 그림으로 소개해 본다.

DuPont Korea Code of Cooperation

우리는...

 웃으면서 큰소리로 먼저 **인사**한다.

 상대방의 **장점**이나 잘한 점을 찾아 적극적으로 **칭찬**한다.

 동료에게 항상 관심을 기울이고 **배려**하는 마음을 갖는다.

 다른 사람의 **의견**을 **경청**하고 존중한다.

 매사에 적극적으로 **참여**하고 **솔선수범**한다.

 상대방의 **시간**을 존중한다.

Key Learning

1. 나의 언행이 상대에게 존중받을 행동인지 스스로 생각해 본 후 행동하는 습관을 갖는다.

2. 존중은 내가 먼저 상대방에게 존중을 표할 때 그 존중이 다시 내게로 돌아올 수 있다.

3. 존중하는 태도는 존중받았던 경험에서 시작한다. 존중의 경험을 늘려라.

4. 진정한 존중은 가정에서 시작되어야 한다. 가장 가까운 사람을 존중으로 대할 때 진정 존중을 나타낼 수 있다.

5. 갈등을 원만하게 해결하고자 한다면 서로의 차이와 입장을 존중하고 함께 윈윈하고자 하는 관점과 태도를 갖는다.

6. 미소와 웃음의 긍정효과는 전염되며 존중의 문화를 만드는 데 기여한다.

7. 눈, 귀, 미음으로 듣는 경청이야말로 존중을 표현하는 방법이다.

8. 긍정단어로 표현하는 연습으로 나의 긍정성을 자극하자.

9. 보디존과 심리적 안전감 등 개인의 예민한 선호방식에 대해서도 관찰, 인지, 이해 그리고 인정해 주는 것이 존중이다.

10. 말하거나 행동하기 전에 '추측을 확인하자'를 되새기자. 나의 품격이 올라간다.

Part 4

●

다양성, 포용, 존중의 삼박자
그리고 그 힘

다양성이 비즈니스에 도움이 될까

시간이 지나면서 관심도 바뀌게 된다. 예전에는 음악이나 드라마를 주로 봤는데 요즘은 동물의 삶을 다룬 다큐멘터리에 눈이 자주 간다. 동물들이 살아가는 모습에서 인간의 모습이 투영되기 때문이다.

직원 교육을 하면서 우화『펭귄 나라의 공작새에 관한 짧은 보고서』를 소개하곤 했다. 이 이야기는 펭귄 나라에 너무나도 다른 공작새, 독수리, 매, 입내새 등이 들어와서 적응하는 과정을 다루고 있다. 펭귄들의 삶은 우리 인간의 모습과 유사하다. 펭귄들이 어린 펭귄들을 날개 밑에 품고 어떻게 하면 성공할 수 있는지에 대해 가르치고, 골프도 치고, 함께 식사도 한다. 실세에 속하는 펭귄들은 누구인지 쉽게 알 수 있고, 자기들만이 제일 편하다는 것도 알고 있다.

펭귄들이 다른 나라에 벤치마킹을 갔다가 공작새를 보게 된다. 공작새의 화려함과 당당함에 매력을 느껴 공작새를 펭귄 나라로 스카우트한다. 펭귄들만의 세상에 나름을 선사하는 순간이다. 하지만 그 매혹적인 다름도 잠깐, 펭귄들은 공작새에게 깃털을 펭귄처럼 칠하도록 요구한다. 소소하지만 적어도 공작새가 펭귄처럼 보이도록 펭귄처럼 행동하도록 권유하는 것이다.

결국 공작새는 자기 스스로 펭귄이 될 수 없다는 것을 깨닫고 주변을 둘러보기 시작한다. 이미 공작새처럼 다른 곳에서 펭귄 나라로 스카우트되어 온 새들이 있었다. 독수리는 똑똑하고 힘세고 일솜씨가 뛰어났지만 펭귄처럼 말하고 행동하지 않아 고참의 심기를 건드렸다. 매는 힘이 세고 아름다우며 똑똑하고 예리하고 저돌적이며 경쟁심이 뛰어난 능수능란한 사냥꾼이지만 매의 고유 본성이 드러나자 펭귄 나라 고참의 눈에는 가시로 비춰졌다.

입내새는 창의력과 상상력이 넘치고 충동적이고 번뜩이는 발상으로 펭귄들을 매혹시켰고 빠르고 열심히 일하며 펭귄 나라를 방방곡곡 누비던 시절이 있었다. 하지만 곧 펭귄들은 그들만의 제국을 세우고 그들만의 계급을 만들어 놓고 그들의 세력권에 침범하는 불청객은 미워한다는 것을 깨닫는다. 결국 펭귄복을 입고 펭귄들에게 받아들여지도록 노력했으나 결국 바뀔 수 없다는 사실을 인식한다. 또한 조직의 활력을 갖추기 위해 가장 중요한 요건은 포용과 신뢰임을 뼈저리게 느낀다. 결국 이들은 자발적으로 펭귄 나라를 떠나기로 하고 새로운 곳을 찾아 나선다.

그들이 도착한 곳은 바로 '기회의 나라'였다. 그곳에서의 좌우명은 '다수로부터 나오는 위대함.' 기회의 나라에서는 새로운 발상에 개방적이고 서로의 존재를 존중하며, 기꺼이 귀 기울여 들으며 열심히 배우고 함께 성장을 열망하며 변화에 능동적인 태도가 넘쳐났다. 새로운 눈으로 세상을 보고 각자의 독특한 재능과 능력이 빛을 발하는 그런 곳이었다.

어떤가. 우리가 사는 모습은 펭귄의 나라와 기회의 나라 어느 쪽에 더 가까울까.

세계 변화의 물결은 갈수록 거세지고 있다. 얼마 전 가족과 함께 우리나라 경제발전을 이끌고 있는 엄청난 규모의 조선소를 다녀왔다. 그랬던 조선소가 이제 몇 달간 수주도 못한 상황에서 회사의 존폐를 논해야 한다는 건 참으로 마음을 어둡게 하는 얘기다. 또 다른 의미에서 이제 제조업은 과거와는 다른 경쟁구조에 머무르게 됨을 뜻한다.

제조업과 같은 산업구조뿐 아니라 일반 직업의 변화도 마찬가지다. 번호표를 받고 한 사람씩 티켓을 사던 예약 및 예매 서비스는 이미 자동판매기로 교체된 지 오래다. 일본 공항에서는 식당마저 식표 자판기가 놓인 걸 흥미롭게 봤는데 이젠 우리나라에서도 보이기 시작했다. 속속들이 기계가 사람의 일을 대체하고 있다.

많은 직원들의 데이터를 관리하여 여러 서비스를 제공해 주던 관리부서도 일부 아웃소싱과 시스템으로 밀려나고 있다. 최근에 인공지능 Artificial Intelligence의 부각이 우리에게 시사하는 것처럼, 지금의 직업지도는 오래지 않아 상당한 변화를 겪게 될 것이다. 이처럼 단시간 내에 변화가 이루어지고 있으니 앞으로는 그 변화 속도가 얼마나 더 빠를까. 구글이 정한 미래학자 토머스 프레이는 지금까지의 모든 인류 역사보다 앞으로 다가올 20년간 더 많은 변화가 있을 거라 예측한다. 미래의 변화는 이제 기하급수적으로 변한다고 덧붙이기도 한다.

이처럼 시대의 변화뿐 아니라 시장도 이미 고성장을 이루는 BRICS

로 재편된 지 얼마 되지 않았고, 지난 15년 동안 세계의 경쟁구도에도 많은 변화가 있었다. 어느새 중국은 세계 2위의 경제국이 되었고, 그들의 입김은 더욱 강력해지고 있다. 이제는 인도와 아세안이 강세를 보인다. 늘 성실하게 열심히 근무하는 한국인들의 장점은 누구나 인정하지만, 갈수록 중국과 인도에 치이고, 글로벌 시장에서 경쟁력을 잃어가는 모습은 너무나도 안쓰럽다.

지속적인 변화와 경쟁 속에 다양한 고객과 시장을 대할 수 있는 다양한 인력이 요구되는 것은 기업에서 피할 수 없는 과제가 되었다. 또한 고객들의 니즈에 부합하는 서비스와 제품을 만들어 내기에는 지속적인 혁신이 요구된다. 다양한 제품과 서비스, 이러한 혁신을 만들어 내는 것의 출발도 기존과는 다른 생각, 새로운 시도, 다른 가치에 대한 발견에서 비롯된다. 과거에 한민족으로 단결하고 경제를 단기 내 성공으로 이끌 수 있었다면 이제 우리나라는 다양성을 포용하며 글로벌화하는 과제에 놓여 있다.

다양성이 만들어 내는 역학

어느 초등학교에서 재미있는 실험을 했다. 오른손잡이 학생들은 하루 종일 왼손을 사용하고, 왼손잡이 학생들은 오른손만 사용하기로 했다. 하루가 지나 아이들이 나눈 경험담은 정말 흥미로웠다.

우리나라에선 왼손잡이도 오른손을 사용하도록 교육을 받기에 오른손잡이가 대다수다. 오른손잡이 학생들은 무척 불편하고 시간도 오래 걸리고 답답하고 바보가 된 듯한 느낌이 들었다고 한다. 한 학생은 그날 저녁 부모님과 외식을 하게 되었는데 오른손을 쓰는 형과 식사하면서 자꾸 팔꿈치가 부딪쳐 불편했다는 점과, 숟가락질이 잘 안 되어 음식을 흘리는 모습을 사람들이 쳐다봐 이상했다고 한다. 흥미로운 건 어린 아이들 눈에도 대부분의 편의시설이 오른손잡이들 위주로 되어 있다고 인식된다는 점이다. 이들은 왼손잡이들이 생활하는 데 힘들다는 것을 알게 되었다고 고백했다.

듀폰에서는 일 년에 한 번 연초에 글로벌 다양성과 포용을 주도하는 직원들이 모여 연간 활동에 대한 논의를 한다. 다양한 사람들과 열띤 토론을 벌이면서 일 년 동안 진행해야 할 아이디어를 함께 고민한다. 내게는 일 년간 활동하는 데 필요한 열정과 에너지를 충전하는 계기이기도 했다.

나는 여기서 여러 가지 상황을 제시하고 실제로 다양성에 얼마나 노출되어 있는지 알아보는 활동을 해 보았다. 서로 질문을 하면서 관련된 사람들이 모여 그룹을 만들며 전반적인 흐름을 보는 활동이다. 아주 쉽게는 오른손 왼손 사용자부터 시작하여 문화적 차이, 일하는 방식, 주변에 돌봐주어야 하는 장애인이 있는지, 종교, 성적 취향 등을 다루었는데, 게임을 하면 할수록 실생활에서 느끼는 다양성이 광범위하다는 것을 절실히 느꼈다.

재미있는 경험은 이러한 다양한 그룹핑 속에서 다수 집단에 속한 그룹 내 직원들에게 어떻게 느껴지는지 그들의 감정을 물었더니, 왠지 든든하고, 안정되고, 동료가 많은 것 같다고 대답한 것이다. 반면 소수 그룹에 속한 멤버들은 다수 그룹을 바라보면서 불안감, 소외감, 나약함, 약간의 창피함마저 든다고 했다. 소수 그룹에 속해 있는 경우 어떤 감정이 드는지에 대해 미처 생각해 보지 못했던 것이다.

반면 다수 그룹에 속한 인사이더들은 많은 사람이 함께 있기에 안정감과 편안함, 자신감 등을 갖고 또한 많은 정보와 관계의 힘 안에 있음을 느낀다. 또한 그들만의 생활규범 내지는 방식이 있다. 인사이더에 있는 사람들은 좋은 의도를 가지고 그 외 그룹 사람들과 관계를 맺고 얘기를 나누다 보면 때에 따라서는 소수 그룹인 아웃사이더들이 도움을 받는다는 느낌, 소외감, 열등감 등 불필요한 감정을 느끼게 되는 경우가 있다.

당시 내게 성찰의 기회를 준 질문이 있었다. "주변에 성소수자 친구가 있는가?"라는 질문이었다. 여기에 딱 두 사람, 즉 나와 미국에서 교육받고 그곳에서 일하고 있는 아시아인이 소수 그룹으로 분류되었고 나머지는 모두 한 그룹에 모였다. 나는 '성소수자 친구가 없다'는 쪽이어서 소수 그룹(아웃사이더)에 속했고, 대다수는 다수 그룹(인사이더)이 된 셈이다.

나는 많은 사람들의 시선을 받으면서 당혹스러움을 느꼈다. 남들에 비해 두드러지는 걸 별로 좋아하지 않는 문화적 환경에서 자란 탓일까. 그때 내가 어느 그룹에 속하느냐에 따라 느끼는 감정이 다를 수 있음을 알았다.

흥미롭게도 다양한 시각을 포용하는 것이 인식의 차이를 수용하는 것임을 느낀 것도 이때다. 그날 성소수자인 동료가 본인의 얘기를 했다. 많은 사람들 앞에서 민감한 성적 취향을 아무렇지 않게 얘기한다는 것 자체가 내겐 문화적 충격이었다. 또 바로 이어서 그날 강의를 이끌었던 강사도 본인이 성소수자임을 밝혔다. 그 짧은 시간에 나는 적지 않은 충격을 받았다. 그것도 잠시 사람 자체를 존중한다는 마음으로 있는 그대로의 모습을 받아들인 후 그들과 친구가 되는 것은 생각보다 쉬웠다. 그 강사가 한국을 방문했을 때도 따로 만나 식사를 하며 많은 얘기를 나눴다. 한국에서의 성소수자에 대한 시각과 다양한 부분에 대한 얘기를 나눌 정도로 서로의 다름을 인식하고 받아들일 수 있었다. 그리고 얼마 후 유럽에서 다른 성소수자인 동료가 한국을 방문했다. 함께 서울 주변을 돌아보며 대화를 나누는 동안 서로에 대해 많이 알게 되었고, 또 좋은 친구가 되는 계기가 되었다.

다양성이 만들어 내는 힘의 역학은 여기서 그치지 않는다. 작게는 좋아하는 기호, 고향 혹은 학교, 생활 근거지, 성별에서도 나타난다. 우리가 일하는 기업 환경에서는 M&A 때 합병한 회사와 합병되는 회사, 수익을 창출하는 영업부서와 비용을 지출하는 지원부서, 성장이 빠른 부서와 그렇지 않은 부서 등 여러 곳에서 볼 수 있다. 꼭 어느 그룹 한쪽에는 속해 있기 마련이다. 다만 우리가 그런 것을 인지하지 못한 상태에서 여기저기서 만들어지는 힘의 역학 속에서 혼란스러워하며 어려움을 느낄 뿐이다.

이미 고위직에 오른 여성 리더들의 이야기를 보면 재미있는 에피소드가 많다. 남성들이 많은 경우에는 옷도 남성스럽게 입고 남자 직원들과 소통하기 위해 흡연구역에 따라가기도 했다고 한다. 인사이더에 속해 있는 남성들이 만들어 놓은 일의 방식, 서로 경쟁하고, 네트워킹하고, 자신을 드러내고, 다른 사람들과 어울리는 방식도 어찌 보면 그들을 따라하고 있는지도 모른다. 이처럼 어느 그룹에 속해 있느냐에 따라 의도하지 않은 서로의 감정선과 힘의 역학이 자연스레 생길 수밖에 없다. 이러한 차이점은 때에 따라서는 갈등의 원인이 되기도 한다. 서로의 존재를 인정하고 서로를 쳐다보고 이해하고 그리고 대화를 나누는 것이야말로 이러한 벽을 인식하고 걷어내는 방법이다.

잊지 말자. 내가 어느 곳에 어떤 그룹에 속하든지 서로 다른 감정을 느낄 수 있다는 것을. 상내의 감정과 시각, 관점을 더 이해하려는 노력이 매우 중요하다.

다름을 넘어 화합하는 문화

듀폰에서는 일찍부터 다양성의 일환으로 아시아인을 성장시키고자 하는 노력을 해 왔다. 이를 위해 1990년부터 전략적으로 직원들을 채용, 개발하거나 관리자 직급으로 성장할 수 있도록 교육개발 프로그램을 적극 지원해 왔다. 아시아 지역에서 진행된 LAMPLeadership and Management Program가 그 예다. 이 프로그램은 각각 다른 나라의 문화에 대한 이해를 기반으로 성공적인 비즈니스를 이끌 수 있는 글로벌 인재를 양성하고자 하는 취지로 개발되었다.

한번은 중국, 대만, 일본, 한국 등 동아시아 지역 리더들이 모여 팀내에 개인의 성격적 특성과 다른 차이를 이해하고 효과적으로 일하는 방법에 대한 세션을 진행했다. 한국인과 일본인들은 중국과 대만 직원들이 본인의 의사를 적극적으로 표현하는 것을 늘 부러워했다. 그러나 흥미롭게도 중국 여성들은 중국 남성들에 비해 자신들이 너무 소극적이며 더 적극적이어야 한다고 열을 올렸다. 이를 지켜보던 한국인들은 말없이 얼굴만 쳐다보며 놀란 적이 있다. 우리가 늘 적극적인 사람이라 생각했던 이들이 정작 자신을 소극적이라 생각한다는 것이 그저 놀라울 뿐이었다. 이러한 다름의 차이조차 보는 시각에 따라 상당히 다르게 보인다.

글로벌 문화 속에서는 정확하게 선을 긋고 답을 줄 수 있는 것은 없다. 각 나라마다, 각 개인마다 그 차이에 맞게 유연하게 조율하고, 폭넓은 경험과 이해, 유연성만이 필요할 따름이다.

리더십 교육에서 직원들의 역량개발을 위해 종종 사용하는 기법이 액션러닝Action Learning이다. 실제 비즈니스의 문제점을 가지고 와서 다양한 직원들이 모여 문제해결 방법을 찾아가는 기법으로 프로젝트 과정 중에 상당한 발전을 이루게 된다. 매 프로그램마다 직원들이 가지고 오는 프로젝트는 같은 제품, 그러나 다른 고객과 시장 상황이 대부분이다. 그에 따른 경쟁 상황, 도전 그리고 문제점을 다루기 위해 다양한 문화, 경력, 시각을 가지고 있는 프로젝트 멤버들이 한 팀이 된다. 이렇게 다양하게 짜여진 팀이 문제해결을 위해 기여하는 바는 아주 전략적인 부분에서부터 세세한 실천문제까지 탄탄한 비즈니스 실행 계획을 짤 수 있도록 도와준다.

액션러닝은 문제 해결뿐만 아니라 다양한 문화, 의사표현 방식, 성격에서 나오는 다른 방식에 대해 배우고 익히게 함으로써 직원들이 글로벌 리더로 성장하는 데 큰 도움을 준다. 다른 문화를 경험하고 문제를 해결하며 관계를 맺었던 경험은 그들이 실제 비즈니스 상황 속에서도 다름을 넘어 포용하며 화합하는 방법을 제공한다.

나는 한때 한국과 일본의 인재개발부를 맡은 적이 있어 종종 일본 출장을 가곤 했다. 그때 교육 담당 업체와의 미팅에서 있었던 일이다. 미팅을 마치고 엘리베이터 앞까지 배웅을 나가 인사를 나눈 후 보통 때와 같이 아래층 사무실로 내려가기 위해 그들과 함께 엘리베이터를 막 타려던 참이었다. 함께 있던 동료가 황급히 나를 잡더니, 그건 일본식이 아니라고 했다. 엉거주춤 어색한 웃음을 지은 나는 동료와 함께 업체 사람들에게 다소곳하게 인사를 했다. 그리고 그들이 탄 엘리베이터가 내려가기를 기다렸다가 다른 엘리베이터를 타고 아래층으로 내려왔다.

최근 어느 엔터테인먼트사 소속 가수가 프로그램에서 대만국적기를 흔들었다고 정치적 · 외교적으로까지 시끄러웠던 기사를 본 적이 있다. 예민하고 민감한 문제이기도 하나, 이러한 사례는 회사 내에서도 마찬가지다. 리더십 교육 중에 대만, 홍콩, 중국 참석자들이 자기나라 문화를 소개하는 과정에서 무심결에 던진 정치적 발언이 전체 분위기를 바꾸기도 한다. 그래서 회사에서는 정치와 종교에 관한 언급을 가능하면 피하도록 조언하기도 한다.

우리나라를 기반으로 하는 글로벌 기업이 더 많이 생겨나 국가경쟁력을 키우기 위해서는 다양한 문화에 대한 포용력을 더 길러야 한다. 한국갤럽에서 조사한 '2015년 국민 다문화 수용성 조사' 결과를 보면, 우리나라의 다문화 수용성 지수는 과거 2011년, 2012년 대비 다소 수용적으로 변화되었다. 그럼에도 이 조사보고서의 결론은 한국 사회가 다른 주요 선진국에 비해 여전히 수용적 지수가 낮다고 지적한 것이 흥미롭다.

서로의 다름에 대한 포용이 자칫 당혹스러움 혹은 차별로 비치지 않도록 어떻게 잘 대해야 하는지 체화하는 것은 글로벌 사회로 성장하는 데 아주 중요한 요소다. 또한 다른 문화를 얘기하는 데 더 낫고 나쁨의 문제가 아닌, 단지 다름의 차이임을 존중과 포용의 시각으로 본다면 우리는 화합의 길에 더 가까이 갈 수 있다.

그럼 어떻게 하면 다른 문화에 대한 이해도를 높일 수 있을까? 다음과 같은 방법을 활용해 보자.

- ▶ 다른 문화에 대한 책 읽기
- ▶ 그들의 습관과 관습에 대해 흥미를 갖고 얘기하기
- ▶ 더 다양한 내용을 인터넷에서 알아보기
- ▶ 민감한 주제에 대한 대화 피하기
- ▶ 이상해 보이는 관습이라도 그들의 관습 존중하기

여성의 강점을 미래 경쟁력으로

나는 영화를 즐겨 본다. 그중에서도 따뜻한 인간애가 흐르는 영화, 과학영화, 춤과 음악 관련 영화를 좋아한다. 어느 날 라디오에서 소개하는 것을 듣고 본 영화가 '와즈다'다.

와즈다는 사우디아라비아 출신의 발랄한 10세 소녀의 이름이다. 사우디아라비아에서는 여성들의 사회활동이 제한되어 있고, 얼굴과 몸을 노출할 수 없어 눈만 내놓고 다닌다. 뿐만 아니라 문화생활, 심지어 자전거도 사람들 앞에서 탈 수 없다. 그래서 주인공 와즈다가 여자는 왜 자전거를 탈 수 없는지, 자전거를 사기 위해 코란 외우기 대회에 나가는 모습 등이 그려진다.

와즈다는 여자라는 이유로 얼굴을 가리고 다녀야 하고, 목소리조차 밖으로 나가는 걸 조심해야 하고, 남자들 시야에 안 나타나는 것이 정숙하다고 여기는 여성의 모습에 대한 그만의 방법으로 내적인 도전을 한다. 영화 첫 장면에 "세상의 시선 때문에 자신에게 꼭 필요한 것을 포기하거나 주저하고 있진 않나요?"라는 질문을 던진다.

사우디아라비아의 다양한 모습이 담긴 이 영화는 하이파 알 만수르 감독 작품이다. 그는 제약이 많은 사우디아라비아 여성의 도전적인 삶을 표현하고 싶었다고 한다. 사실 이 영화는 만수르 감독 자신의 현실이기도 하다. 그 역시 사우디아라비아의 첫 여성감독으로서 드러내 놓고 메가폰을 잡을 수 없다는 이유로 차 안에 숨어서 지시를 하고 남성들만 밖에서 촬영을 했단다. 그래서 '와즈다'는 단순한 한 편의 스토리가 담긴 영화가 아니라 그 이상의 의미를 지닌다.

이 98분짜리 영화 하나로 2013년 사우디아라비아 정부는 여성도 자전거를 탈 수 있다고 승인했다. 단 하나의 영화로 천 년을 이어온 악습을 무너뜨렸다. 여성이 처해 있는 사회적 편견과 도전에 맞서 여성의 강점을 이용하여 사회의 변화를 만들어 낸 영화, 그런 의미에서 꼭 한 번 볼 만한 영화로 추천하고 싶다. 보고 나면 우리 앞에 놓인 어떤 장애도 팔 걷어붙이고 도전해 볼 만한 용기를 얻게 될 것이다.

여성에 대한 관심은 다양성 차원에서 세계적으로 가장 주목을 받으며 큰 축으로 자리하고 있다. 우리나라에서도 이러한 시각이 부각된 지 꽤 오랜 시간이 흘렀다. 높은 교육열 덕에 어느 곳이든 여초 현상이 나타나고, 여성의 사회 활동에 대해서도 많은 진보가 있었다. 최근 인력구조의 변화와 맞물려 조직 내에 다양한 인적자원의 필요성과 여성 인력의 가치와 활용도에 더욱 관심이 높아졌다. 조직에서는 고위급 임원의 비율, 연봉 차이, 가족친화적인 문화, 여성 경력 개발 등 다양하게 진전을 보이고 있다.

사실 내가 듀폰에 입사할 때만 해도 나라별로 여성리더십에 대한 측정지표가 있어 직급별 여성 인력의 변화를 매년 측정했다. 그때 여성 인력 비율이 다른 나라 대비 낮은 나라는 인도, 일본, 한국, 호주 등이었다. 최근까지도 인도, 일본, 한국은 여전히 가장 주목받는 나라다. 다행히 한국은 고위급 임원의 남녀 비율, 여성친화적인 문화, 여성위원회의 적극적인 활동, 여직원들의 경력 개발 등에서 단기내 성과를 보이고 있고, 옆에 있는 일본의 벤치마킹 대상이 되고 있다. 사회와 조직 내 여성에 대한 논의들을 살펴볼 때, 이제 여성의 강점을 기반으로 남성들과 함께 파트너십을 쌓아가야 할 때라고 생각한다.

급변하는 기업 환경의 수평적인 조직구조로 조직원들에 대한 배려와 격려, 소통과 협력을 통해 최대의 성과를 끌어내야 하는 상황은 여성 인적자원의 강점을 더욱 부각시킨다. 여성의 타인에 대한 배려와 관계적 · 포용적 · 소통석이라는 강점이 시대적 요구에 적절하기● 때문이다. 조직 속에서의 여성리더십에 대해 문화적 · 계급적 · 인종적으로 다양한 사람들이 공간적 변화를 주도하고 이끌어 낼 수 있는 '상호의존적 리더십'이라 표현하기도 한다. 이는 구성원의 자발적인 참여와 동기유발을 위해 강압적인 힘이 아닌 온화함, 섬세함, 배려, 헌신 등 조직에 보다 효과적이라는 점을 강조한다.●● 또한 맥킨지 조사에 따르면 여성의 강점으로는 영감을 주는 것, 참여적인 의사결정, 인재

● 조직 속의 여성리더십, 여성친화적인 조직문화 만들기, 이화영, 여성인권진흥원, 2009
●● 세상을 바꾸는 부드러운 힘, 이경숙, 강형철, 조병남, 숙명여자대학교출판국, 2004

개발, 역할 모델링이 남성에 비해 강한 것으로 조사되기도 했다. 이러한 다양한 시각에서의 여성의 강점은 앞으로 다가오는 미래 사회에서 요구되는 역량들일 뿐 아니라 남성인력이 가지고 있는 강점과 어울려 더 우리를 강하게 만들어 줄 것이다.

나는 회사에서 남성만 있는 팀과 여성이 적절하게 섞인 팀과의 역학 관계에 상당히 차이가 있음을 오래도록 봐 왔다. 맥킨지에서 제시한 조직건강지표에 따르면, 최고 임원단에 남성 임원만 있을 때 대비 여성 임원 세 명이 있는 경우 조직건강지표가 문화, 가치, 동기부여, 책임감, 전략방향 등 다양한 분야서 긍정적인 변화가 있다고 밝혔다.● 여성의 강점이 조직 내에서 실질적으로 효과를 보이고 있음을 나타낸다.

그런데 우리 사회에서 여성의 사회 참여는 여전히 갈 길이 먼 상황이다. 가령, 최근 어느 주류회사에서 여성 직원이 결혼했다는 이유만으로 회사에서 퇴직을 종용하고 이에 따르지 않자 보이지 않는 불이익과 협박을 하는 등 사회에 파장을 안겨 준 사례가 있었다. 왜 이런 문제가 발생했느냐는 질문에 그동안 결혼한 여직원이 회사에 근무한 적이 없어 관례상 당연시되어 왔다고 한다. 이것은 단순히 한 회사의 사례라고 보기에는 너무 가슴 아픈 일이다. 여성에 대한 시각이 많이 바뀌었지만 사회에 만연해 있는 편견은 여전하다. 이런 여성에 대한 편견과 관행들은 여성의 사회활동에 큰 벽이 되고 있다.

반면, 얼마 전 일본의 대표 글로벌 기업 도요타에서 파격적인 재택

● Factiva, One Source, Hoover, company website, Project Team, McKinsey Organization Health Index database

근무제도가 나왔다. 도요타 직원의 3분의 1이 재택근무를 하고 하루에 2시간만 회사에 나오면 된다니, 인사적인 시각에서도 정말 파격적인 정책이다. 더욱이 이 정책이 여성인력 활용에 대해 한국보다 더 보수적인 일본에서 나왔다는 점이 더 놀라운데, 2010년 '이쿠멘(イクメン) 운동'이 결정적인 역할을 했다.•

이쿠멘이란 '기른다育'는 일본어 발음 '이쿠'와 '남성'의 '멘man'을 합친 신조어로 육아에 전념하려는 아빠를 의미한다. 사회적 지원시스템과 육아의 고충을 해결하기 위해 아빠들이 뭉치면서 사회적 인식이 무르익었다. 우리나라 경력단절 여성들 40% 이상이 육아문제 때문에 고민하고 있다. 일본은 아직 사회 생활을 하는 여성 중 미혼인 경우가 꽤 있다. 또한 아이를 가지면 70%는 직장을 떠나므로 다양성에 대해서는 많은 도전이 필요한 나라다. 사회적 육아지원 시스템이 쉽지 않기 때문이기도 하다.

이와 관련하여 어느 컨설팅업체에서는 여성의 다양성을 여성만의 문제가 아니라 남성들이 함께 파트너로 미래 성장을 위해 노력할 수 있도록 다양한 프로그램을 지원한다. 많은 경우 여성의 사회 참여는 여성만의 문제가 아니라 성별에서 오는 차이에 대한 문제이기 때문에 함께 풀어가야 할 과제인 셈이다. 함께 일했던 유럽의 Diversity & Inclusion Champion은 한때 남성으로서 여성의 경력 개발을 위해 사내외에서 적극적으로 나서는 것이 두려웠다고 한다. 여성들이 상황도 모르면서 가르치려 든다고 생각할까 봐 고민스러웠던 것이다. 하지만

• 중앙일보 분수대, 남성호, 2016. 6. 13

그는 여성의 다양성은 이제 조직에서뿐만 아니라 남성도 함께 노력해야 하는 중요한 일이라 강조한다. 또한 남성으로서 남성에게 영향력을 미칠 수 있기에 그는 그의 일에 더욱 자부심을 갖고 있다.

여성이나 남성이나 모든 이가 삶에 있어 가치 있고 동등한 기여자다. 워킹맘의 경우 사회 생활뿐만 아니라 자신의 삶을 가꾸며 인정받고 존중받고 싶은 것은 당연하다. 서로 각자의 삶의 만족도와 행복을 높이기 위해 이중잣대에 대한 편견을 내려놓고 함께 성장할 수 있도록 지원한다면 어떨까.

캐나다 브리티시 컬럼비아대 심리학 연구진이 발표한 2014년 심리과학에 게재된 내용에 따르면, 설거지하는 아빠가 딸의 꿈을 키워 주고, 미래를 성공적으로 이끌어 준다고 하였다. 집안일을 도와주는 아빠 밑에서 자라난 딸들은 남녀평등에 대한 생각과 미래에 대한 포부 등이 남달랐을 뿐만 아니라, 장래 희망 또한 성별에 대한 고정관념 없이 다양했다.

사회적으로 존재하는 여성에 대한 편견을 인지하고 없애려는 노력은 우리에게 더 많은 기회를 선사한다. 또한 함께 도와주고 성장하고자 하는 파트너십은 우리 후세대에 양성평등을 보여 주는 의미 있는 시도가 될 것이다.

여성의 강점에 자신감을 갖자. 우리가 손을 잡을 때 진정한 변화의 힘을 이끌어 낼 수 있다. 또한 우리는 이제 혼자가 아니다. 눈앞에 있는 도전은 우리가 성장할 수 있는 도약판이다. 여성이 바로 미래 경쟁력이다. 여기에 당신도 함께 할 손노장을 찍어 보지 않겠는가.

세대 차이를 강점으로

　사람이 살아가면서 문화, 사회적 경험과 환경에서 구성원들의 가치관이 형성된다. 일정한 연령대 사람들이 기존 세대에 비해 문화적 차이를 보이고, 이는 삶의 가치관뿐만 아니라 의사소통방식, 경력선호방식 또한 상이하다.

　얼마 전 신문에서 어렵게 회사에 입사한 신입사원들이 직무에 적응하기도 전에 퇴사해 버리는 것이 문제가 되고 있다는 기사가 있었다. 2014년 조사에 따르면 재직 기간 1년 이하 신입사원의 퇴사율은 2.5% 증가했는데 2016년에는 27.7%에 달했다고 한다. 신입사원을 채용하고 교육하는 데 연간 6천여 만 원이 소요됨을 고려할 때 기업에서 이런 젊은 세대를 포용하는 문화에 관심을 갖고 있다는 내용이었다.

　이와 비슷한 경험을 직접 보기도 하고 듣기도 했다. 사내에서 특정 직무군의 여성 비율을 높이기 위해 여성 인력개발프로그램을 진행하면서 대리급 사원들을 중심으로 면담과 조사를 한 적이 있다. 젊은 대리급 사원에게서 과거 선배들이 생각했던 것처럼 뭔가 해 보겠다는 의지와 도전정신을 찾아보기 힘들었다. 혹은 신입사원이 회사에 다니다가 돌연 다른 경력을 찾겠다면서 사표를 던지는 모습도 종종 보았다.

인사담당자 모임에서 신세대에 대한 얘기가 나왔다. 어렵게 들어간 대기업 신입사원이 6개월도 안 되어 돌연 사직서를 냈다는 것이다. 퇴사 이유를 물었더니 자신이 좋아하는 동호회 모임이 6시 강남에서 있는데 퇴근 후에 그곳까지 가는 데 시간을 맞추기 어렵다는 것이었다. 신입사원의 삶의 가치가 기성세대와 다름을 나타내는 일화다.

세대는 시간, 연령, 사회, 경제의 영향 속에 공통된 태도나 경험 패턴을 보이는 그룹이다. 일반적으로는 베이비부머 세대(1946~1964), X세대(1965~1980), 밀레니얼 세대(1980~2000)로 나뉘는데, 그 특징은 다음과 같다.

베이버부머 세대(1946~1964)

▶ 나라별로 성장을 이끌어 온 세대로 헌신과 근면으로 대표되는 세대

▶ 회사가 전부인 세대

▶ 묵묵하게 일하며 나라와 기업에 충성하고 가정과 권위를 존중하는 세대

▶ 톱다운top-down이며 권위적인 조직에 능하며 또 그런 기대를 갖고 있는 세대

X세대(1965~1980)

▶ 팀워크와 개인별 성장에 가치를 두는 세대

▶ 여전히 근면하고 열심히 일하며 성공에 가치를 두는 세대

▶ 자신의 의견을 내비치는 세대

▶ 문제가 발생할 때는 이메일보다는 면대면을 선호하는 세대

밀레니얼 세대(1980~2000)

▶ 개인 Work & Life에 가치를 두는 세대

▶ 이메일 혹은 인스턴트 메신저를 선호하는 세대

▶ 피드백을 선호하는 세대

흥미로운 건 나라마다 세대 구분이 조금씩 다르다. 우리나라는 이러한 일반적인 구분 외에도 475세대(1950~1959), 386세대(1960~1969)로 나누기도 한다.

그런데 베이비부머 세대가 은퇴하기 시작하자 이 갭을 채우기 위해 청년세대인 밀레니얼 세대들이 사회로 들어왔고, 2008년에 이들이 전체 인력의 약 23.8%를 차지했다. 이들은 기성세대와는 다른 스타일을 보임으로써 조직 내에서 세대별 이해에 대한 필요성이 부각되었다. 더불어 이들을 이해하고 포용할 수 있는 리더십과 문화가 필요해지면서 세대의 다양성은 양성이나 인종만큼이나 중요한 다양성 주제가 되었다.

밀레니얼 세대에 대해 삼성연구소에서는 4,731명을 인터뷰한 결과 직장인이 된 밀레니얼 세내의 특징을 다섯 가지로 요약했다.

1. 업무 외에도 다양한 관심사를 가지며 폭넓은 네트워크를 형성하고 있다Broad Network.
2. 평가결과와 보상에 대해 민감하게 반응한다Reward-sensitive.
3. 글로벌 환경과 IT 등 새로운 것에 강한 적응력을 보인다Adaptable.
4. 자기 감정과 생각을 솔직하게 표현하며, 상대방도 명확하게 표현해 주기를 기대한다Voice.
5. 회사보다 개인생활을 중시하며, 특히 일과 생활의 균형을 추구한다Oriented to myself.

이 다섯 가지 특징을 요약하는 영어 첫 글자를 모아 BRAVO 세대라 명명했다.•

또한 밀레니얼 세대는 창의적이고 격려하는 분위기를 좋아한다고 알려져 있다. 자신의 성장에 관심이 많고 그에 따른 도전 기회에 관심이 많다. 그들은 인터넷 활용에도 적극적이고 회사 내에서는 공식 이메일 외에 실시간 메신저도 많이 활용한다. 일부 상사들은 사무실에서 밀레니얼 세대의 메신저 사용을 부정적 시각으로 보기도 한다. 하지만 젊은 직원들에게 메신저는 그들 생활의 일부다.

밀레니얼 세대는 네트워크도 광범위하고 다양한 정보 소스들이 많아 메신저를 사용하며 정보의 속도를 이용하여 일처리도 빠르다. 직원들이 인터넷 쇼핑 혹은 직구에 성공한 것을 보여 주고 기뻐하는 모습을 보면 참 다르다. 기성세대는 옷 한 벌을 사더라도 가게에 가서 만져

• BRAVO Generation, 신세대 직장인을 말하다, 삼성경제연구소, 예지은, 2009

보고 거울에 비춰보고 구매하는데, 젊은 직원들은 다양한 사이트에서 사진을 보고 가격을 비교해서 가장 저렴한 것으로 산다. 그들이 인터넷을 서핑하는 것은 가격대비 효율적인 상품을 잡기 위한 그들만의 노력인 셈이다.

이렇게 세대별 특히 밀레니얼 세대의 특성을 보면, 조직 내에서 다른 세대와 잠재적인 혼선과 충돌이 일지 않을까 우려가 될지도 모른다. 세대별로 나타나는 이러한 차이점은 서로 경험해 온 문화가 다르기 때문이며 그들이 바라보는 관점이 다르기 때문이다. 서로의 차이를 이해하고 존중하는 것이 서로의 가치를 인정하는 것이다. 또한 차이점에 중점을 두기보다는 그들의 강점을 부각시키는 관점 전환도 필요하다.

세대별 다른 가치관, 의사소통 방법, 경력 선호도를 구분하여 차이점을 아는 것은 그들을 이해하려는 노력이다. 더 중요한 것은 이들을 잘 포용하고 함께 성장해 나가는 것이다. 듀폰에서는 멘터링 프로그램 중 하나로 Reverse Mentoring을 운영한다. 일반적으로 연륜이 많은 멘터가 멘티에게 도움을 주는 것이 멘터링이지만 배움이란 어느 누구에게서나 일어날 수 있는 법, Reverse Mentoring은 신세대 직원이 나이 지긋한 직원들을 멘터링하는 것이다. 인터넷을 배운다거나, 스마트폰 사용법을 배운다거나, 혹은 신세대들이 좋아하는 것들을 배운다. 이 멘터링 프로그램을 통해 그들을 이해하는 폭이 달라지고 그들의 시각을 이해하다 보니 자녀와의 관계도 많이 개선되었다고 한다.

하루는 점심시간에 새로운 식당을 찾아 나섰지만 마땅한 곳이 떠오르지 않았다. 그때 한 동료가 소개한 곳은 생각지도 못한 식당이었다.

예스러운 음악다방 같은 느낌에 깔끔하고 음식도 맛있었다. 신세대 인턴사원들과 교류가 많은 그 동료는 그들에게서 새로운 정보를 많이 얻는다고 한다. 그들은 일단 회사에 들어오면 주변의 맛집을 인터넷으로 파악하고 그들만의 네트워크 활동을 통해 정보공유도 활발하다며 그들의 젊은 에너지에 힘을 많이 얻는다고 했다.

항상 변화가 밀려올 때 위기라고 한다. 위기는 위험과 기회 그리고 위험을 기회로 전환시키는 의미까지 포함한다. 요즘처럼 다양한 세대가 공존하는 시기의 장점은 각기 다른 강점을 활용할 수 있는 절호의 기회다. 각기 다른 세대의 장점과 특성을 이해하고, 있는 그대로 서로를 인정하고 수용하자. 그리고 그들의 강점을 부각시켜 유연하게 아우를 수 있는 존중하는 열린 문화로 우리 경쟁력을 한 단계 높여 보자.

장애 포용하기

어느 날 큰아이가 일기장에 훈민정음을 창제하신 세종대왕을 존경한다고 쓴 걸 보고 미소를 지었던 생각이 난다. 이제는 한류 열풍으로 한글에 대한 관심도가 높아졌다. 배우기 쉽고, 또한 과학적으로 만들어졌다는 자부심이 든다.

미국 본사 신입사원 교육에 초대되어 간 적이 있었다. 그곳에서 우연하게 'King Sejong'이라는 회의실 이름을 발견하였다. 나는 어떻게 세종대왕이 듀폰 본사 회의실 이름으로 채택되었는지 궁금했다. 과학회사 이미지에 맞는 세계적으로 유명한 과학자 리스트를 뽑고 그중에서 가장 창의적인 과학자들을 선택했는데, 거기에 세종대왕이 있었다고 한다. 해외에 나가면 모두 애국자가 된다더니, King Sejong 회의실 앞에서 애국심을 느꼈던 기억이 아직도 생생하다.

그런데 세종대왕이 심각한 장애를 갖고 있었다는 걸 알고 있는가. 어릴 적부터 병적으로 책을 좋아했고 밤낮 가리지 않고 국사를 보던 세종대왕은 훈민정음을 창제하던 시기에 이미 눈이 흐릿하고 아파서 어두운 곳에서는 지팡이 없이는 걷기 어려울 정도였다고 한다. 우리나라 장애인복지법상 시각장애 기준으로 보아 최소 시각장애 6급 정도로 시력이 약화되는 장애를 겪었다고 한다. 세종대왕은 이러한 불편함을 무릅쓰고 못 배운 백성들이 한 가지 언어로 소통할 수 있는 훈민정음을 창제하고 보급하는 열정을 보였던 것이다.

이제는 없어졌지만 '힐링캠프'라는 프로그램이 있었다. 살아온 얘기들을 솔직하게 들려주는 따뜻한 프로그램이어서 즐겨보곤 했다. 출연자 가운데 1990년대 초반에 인기가 많았던 개그맨의 이야기가 심금을 울렸다. 그는 꽤 성공해서 돈도 벌고 결혼도 했다. 하지만 갑작스레 시력이 나빠지더니 어느 순간 실명을 하게 되었다. 뿐만 아니라 부인까지도 병을 얻어 청력을 잃었다. 얼마나 기가 막힌 이야기인가.

이렇듯 가장 잘나가던 때 급작스런 변화를 겪는다는 것이 얼마나 힘든 일일까 상상해 보곤 한다. 뇌에 대한 공부를 하면서 시각은 모든 지각시스템 중에 가장 중요한 역할을 한다는 것을 알게 되었다. 이렇게 중요한 시력을 잃는다는 것, 혹은 잘 보이지 않는다면 얼마나 불편하겠는가. 그 개그맨은 이런 장애를 딛고 이제 유명한 재즈가수이며 연극배우, 또 트라이애슬론Triathlon까지 또 다른 삶을 살고 있다. 우리가 알고 있는 장애라는 것은 어느 한 부분이 조금 불편할 뿐, 그리고 약간의 차이가 있을 뿐, 있는 그대로 받아들이는 것이 필요하다. 인간이 정말 무한한 가능성을 갖고 있다는 것을 보여 주는 사례는 주변에 많다.

내게도 장애에 대한 편견을 없애 준 고마운 동료들이 있었다. 처음 듀폰에 입사했을 때 사고로 왼팔을 잃은 직원이 회사에 들어왔고 그와 함께 오래 일했다. 사실 컴퓨터를 독수리타법으로 치는 것 외에는 함께 일하고 생활하면서 불편을 느낀 적이 없고, 그의 외모를 별다르게 생각하지도 않았다.

또 사고로 다리가 불편해 휠체어를 타고 다니는 동료가 있었다. 어찌나 웃는 모습이 해맑고 총명하고 사람들을 잘 챙기며 리더십이 있던지 그는 회사의 핵심인재이기도 했다. 화장실을 갈 때나 이동할 때는 옆에 있는 동료들이 챙겨 줘야 했지만 어느 누구도 불평하지 않고 늘 화기애애한 분위기에서 일했다. 또한 다른 나라 일을 함께 맡았을 때 출장도 마다하지 않고 다녔다. 어느 누구보다도 일에 대한 열정과 사람에 대한 관심이 가득했던 동료들이다.

사람은 누구나 장애를 가지고 있을지 모른다. 신체적 장애든 심리적 장애든 말이다. 장애를 그 사람의 일부로 있는 그대로 받아들일 수 있는 것이 존중이며, 이러한 다양함을 포용할 수 있는 문화, 그것이 우리가 앞으로 가꾸어 나가야 할 일이다.

다양성의 베스트프렌드는 포용

회사가 글로벌 차원에서 다양성을 실시하기 위한 미팅에 외부 컨설턴트를 초빙했다. 그는 처음 다양성이라는 분야에 발을 들여놓았을 때 듀폰을 벤치마킹 대상으로 삼았었다며, 다시 그 회사에서 다양성 분야에 대해 함께 일할 수 있게 되어 영광이라고 했다.

듀폰에 오래 근무한 직원들은 70~80년대 다양성에 대해 열정적이었던 때와 그 열기가 식었던 때를 기억한다. 그때 다양성을 성공적으로 이끌지 못한 이유는 다양성만 강조하고 포용을 중점적으로 보지 못했기 때문이다. 포용은 다양한 관점과 경험을 존중하고 아우를 수 있는 힘을 뜻한다.

$10 = 8 + 2$와 $8 + 2 = 10$은 어떤 차이점이 있을까. 많은 사람들은 이 차이점을 구분하지 않을 것이다. 너무나 쉬운 수학 문제니까. 하지만 작은 차이가 큰 차이를 만들어낸다. $8 + 2$는 10이라는 결과물은 누구나

쉽게 답을 내놓을 수 있지만 10은 8＋2 외에 다른 식도 만들어 낸다. 3＋7, 4＋6, 5＋5, 6＋4, 7＋3 등.

이 시각이 왜 중요할까. 사람들은 일단 맞는 답이라고 믿으면 더 이상 다른 답을 생각하지 않고 다른 문제로 넘어간다. 답을 갖고 있다는 것은 다른 의견에 귀 기울일 필요가 없다는 것이다. 그 결과 우리 사고도 함께 제한적이 될 수밖에 없다고 사고 기법의 석학인 에드워드 드 보노는 말한다. 하나의 답에 이르는 다양한 접근법이 있으며, 이를 자유롭게 시도해 볼 수 있는 데는 포용적인 환경이 필요하다.

그래서 다양성이 인종, 양성, 문화, 일하는 방식, 경험, 관점 등을 뜻한다면, 포용은 이러한 다양성을 비즈니스 성과와 결과로 만들어 준다. 다양성이 우리가 만들어 내고자 하는 '명사'라면 포용은 다양성을 가능하게 하고 결과를 이끌어 내게 해 줄 '동사'인 셈이다. 다양성을 실질적인 결과로 전환하고자 한다면 그 다양성에 열린 마음으로 포용하고 그 안에서 한 발짝 결과에 나아가도록 항상 함께 고민해야 한다. 그래서 다양성과 포용은 서로 떼려야 뗄 수 없는 관계다.

다양성의 베스트프렌드는 포용이다.

주기적으로 새로운 관계를 설정하자

일본 연못에서 많이 볼 수 있는 비단잉어(니시키고이)가 있다. 연못에 빨강, 노랑 등 색색의 잉어들이 노니는 것을 보면 한가롭기 그지없다. 이 잉어는 작은 어항에서 자랄 때는 어항 크기만큼만 자란다. 그런데 넓은 연못으로 옮겨 놓으면 성장속도가 바뀌어 1미터까지 커진다고 하니 그 잠재력이 대단하다.

직원 개발 관련 교육에서는 항상 이 얘기로 마무리를 한다. 우리도 어떻게 보느냐에 따라 그 그릇이 달라질 뿐 아니라, 성장할 수 있는 공간을 잘 마련해 줌으로써 본인이 가지고 있는 역량만큼 성장할 수 있기 때문이다. 그러기 위해서는 늘 새롭게 관계를 설정해 주어야 한다.

외국계 기업에서는 나이와 상관없이 능력을 기반으로 직무·직책이 정해지는 경우가 많다. 그래서 젊은 상사를 모신 적이 여러 번 있다. 혹은 함께 일해 오던 동료가 상사가 되기도 하고, 또 경력이 오래된 나이 많은 부하직원과 일해야 하는 경우도 비일비재하다. 따라서 새로운 팀이 구성되면 항상 새로운 관계 설정을 지혜롭게 해야 한다.

또한 회사 생활을 하다 보면 과거에는 좋은 관계에 있던 사람들이 어느 순간 관계가 틀어지기도 한다. 그 안을 들여다보면 새로운 관계에서 그전 관계의 모습으로 대하다 보니 기대치의 차이로 갈등이 생기는 경우가 대부분이다.

새로운 관계를 재설정해 주는 것은 서로의 성장에 도움이 된다. 부하직원이 승진했을 때, 동료가 다른 부서로 이동했을 때, 혹은 동료가 상사가 되었을 때, 기존 관계에서 새로운 설정이 필요하다. 그 설정에 맞게 말과 태도도 재설정해야 한다. 새로운 관계 설정을 한다는 것은 그 사람의 새로운 역할을 존중한다는 것이며, 새롭게 관계를 진전시켜 나가겠다는 의지다. 주기적 관계 설정은 새로운 관계를 포용하는 열린 마음과 우리에게 성장의 기회를 제공한다. 서로에 대한 존중을 기반으로 말이다.

차이점을 감사하며 서로 알아가기

　회사에서 경쟁력을 강화하기 위해 매번 다양한 변화를 시도해 왔다. 초반에 일했던 인재개발부서에서도 '변화'가 늘 화두였다. 어느 날 가장 대표적인 리더십 개발 프로그램인 LAMPLeadership And Management Program를 새로운 시대, 새로운 니즈에 맞게 프로그램을 바꾸자는 논의가 있었다. 기존 멤버들은 LAMP 프로그램의 기여도와 선호도 등을 이유로 변화를 선뜻 받아들이지 않았다. 사실 그 시기에 듀폰이 가장 자랑할 만한 프로그램이었고 타회사에서 벤치마킹을 하러 오는 대표적인 프로그램이었다. 개인적으로도 자부심이 넘치고 자랑스러운 프로그램이었으니 바뀌는 걸 환영하지 않았다.

　그런데 회사에 들어온 지 얼마 되지 않은 새로운 멤버는 변화의 얘기를 듣자마자 크게 환영하는 모습을 보여 많이 놀랐다. 마치 기다렸나는 듯이 바로 반응하는 모습에 새롭게 바뀐 리더에게 잘 보이려는 의도가 아닌지 의심스러울 정도였다. 그때 마침 성격유형진단도구에 대해 관심을 갖고 공부를 하고 있었으므로, 그가 새로운 기회 포착에 능하고 항상 변화를 원하는 성향임을 알 수 있었다. 그에 비해 다른 멤버들은 과거의 경험에 더 가치를 두고 현재의 가치를 유지하고 개선하는 유형이었다. 덕택에 사람이 지닌 다양한 성격과 그 성격의 차이가 만들어 내는 조직의 역동성도 많이 배우고 익혔다. 무엇보다 팀원들의 관점의 차이가 새로운 변화의 가능성과 개선점에 대해 의미 있는 대화를 이끌어 준다는 것을 알았다.

결국 우리는 왜, 어떻게 바뀌어야 하는지에 대한 논의를 거쳐 프로그램을 과감하게 업그레이드했다. 그리고 지속적으로 리더들을 양성하기 위한 프로그램으로 개선했다.

지금 와서 생각하면 다양한 나라 사람들과 교류하면서 다문화적인 역량을 기르는 데는 종전의 LAMP 프로그램이 매우 흥미롭고 유익했다. 반면에 개선된 프로그램은 비용과 효율성 대비, 각 국가별로 달라진 교육개발 니즈를 반영하여 시대에 맞게 바꾼 것이다. 요컨대 그때그때 어떤 관점에서 무엇을 강조하는가가 차이를 만들어 낸다.

이 경험은 변화를 바라보는 나의 시각을 많이 바꾸어 주었다. 변화의 방향은 정해진 것이 아니며, 주어진 상황과 구성원들의 관점이 어우러진 결과라는 것이다. 그리고 각자의 다른 생각을 표현하는 것이 더 나은 결과를 만드는 데 도움이 된다는 것도 알게 되었다. 그 후로는 서로의 강점을 바탕으로 다른 시각을 표현하고, 함께 머리를 맞대고 논의함으로써 개선의 여지를 주고, 변화가 새로운 가능성과 기회의 결과를 만드는 법을 배웠다.

차이점은 누구나에게나 있다. 서로를 존중한다는 것은 서로의 차이를 존중한다는 것이며, 그럼으로써 우리는 공존할 수 있다. 가장 좋은 방법은 각 개인별에 대한 호기심을 갖는 것이다. 무엇을 좋아하고, 어떻게 생각하고, 어떤 가치를 가지고 있는지 등을 물어보고 알아간다면 그 차이점이 갈등의 요소가 아니라 팀과 조직을 포용하고 강화할 수 있는 강점이 될 것이다. 차이점을 우리는 되레 감사해야 한다.

질문으로 자극하라

아시아태평양지역 관리자급 리더 대상 교육을 진행하다 보면 재미있는 문화와 성격이 드러난다. 교육 도중 다양한 질문이 나오는데, 유독 질문을 아끼는 나라는 한국과 일본 직원들이다. 그런데 이들은 특이하게도 수업이 끝나면 꼭 한두 명은 강사에게 다가가 감사의 뜻을 전하고 개인적인 질문을 한다. 그럼에도 교육시간에 질문을 아끼는 이유는, 한국 사람들은 '너무 뻔한 질문을 왜 하는지', '눈에 띄려고 할 필요는 없어서', '강사가 모르는 질문을 하면 당혹스러워할까 봐' 그런다는 것이다.

많은 이들이 2010년 G20 서울 정상회의에서 오바마 대통령과의 에피소드를 기억할 것이다. 오바마 대통령이 한국 문화를 이해하기에 특별히 한국 기자에게만 기회를 주었지만 아무도 질문하지 않았다. 결국 그 적막을 깬 것은 한국 기자가 아닌 중국 기자였다.

우리는 왜 질문을 두려워하는 것일까? 다른 나라 직원들은 실문을 통해서 상대방의 생각과 경험을 알 수 있고, 질문을 하는 것이 강의에 대한 관심도를 표현하는 것이라고 생각한다. 전에 함께 일했던 동료는 대만에서 자라 미국에서 대학을 졸업하고 7년 정도 직장 생활 경험이 있었다. 같은 팀에서 일하는 동안 아주 친해져서 그의 부모님을 찾아뵙거나 그분들이 한국에 오실 때도 인사를 갈 정도였다. 대만과 한국은 유사한 점이 많다. 공부나 결혼, 생활에 대해 얘기하면서 서로 "엄마들은 늘 그렇듯이…" 하며 서로 웃기도 했다. 그만큼 자라온 환경이 별반 다르지 않았다.

그런데 그의 큰 장점은 매우 창의적이면서 자신의 생각을 자유롭게 표현한다는 점이다. 나는 그에게 어떻게 해서 창의적이 될 수 있었는지를 물었다. 그는 초등학교 때 선생님의 영향을 많이 받았다고 한다. 사고와 성격이 형성되는 초등학교 고학년 시절, 선생님들은 맞다 혹은 틀리다는 지적을 한 번도 안 했다고 한다. "그래, 네 생각은 그렇구나. 그럼 이런 면은 어떨까?" "네 생각에 일리가 있구나. 나의 의견은 이런 부분도 있단다." 질문이 허용되는 환경, 의견을 존중하고 받아들여주는 환경, 그것이 그의 강점을 만든 비밀이었다.

영업 관련 교육을 담당하는 전문가가 한국을 방문했다. 그는 퇴직을 앞두고 아시아 영업 관련 교육을 담당할 후계자를 찾는 데 관심이 많았다. 우리는 뒤에 앉아 교육 진행 상황을 지켜보고 있고, 참석자들의 재치와 재능에 놀라며 두 사람을 주목하였다. 한 사람은 똑똑하지만 질문을 아끼는 타입이었고, 다른 한 명은 똑똑하고 대인관계도 좋고 자기 의견을 나누거나 혹은 질문을 던지기도 했다. 그런 모습을 지켜보던 전문가는 "어느 미팅에 가서도 자신의 존재를 알리는 것은 매우 중요하다. 그게 의견이 될 수도 있고 질문이 될 수도 있다"고 했다.

다른 나라 사람들과 함께 일하다 보니 출장을 못 가는 경우에는 항상 전화로 회의를 진행한다. 이때 서로 얼굴을 볼 수 없으므로 회의에 잘 참여하고 있는지를 보여 주는 것이 중요하다. 회의 중에는 자기 의견을 내거나 혹은 지원사격을 하거나 아니면 질문을 적절히 던지기도 한다. 특히 한국 사람들은 머릿속에서 잘 걸러진 생각을 갖고 있기 때문에 양질의 의견을 나눌 수 있다.

직장에서 인사업무를 하는 동안 직원들과 면담할 기회가 많았다. 그때 가능하면 스스로 해답을 찾을 수 있도록 코칭적인 대화를 많이 나누었다. 최근 들어 코칭을 다시 시작했는데, 여러 모로 나의 삶에 많은 영향을 미친다. 코칭에서는 다양한 질문 기법을 이용하여 고객과의 대화를 이끌어 낸다. 개인의 생각과 성향, 대응방법이 다르기에, 고객 안에 숨어 있는 생각들을 끄집어 낼 수 있도록 적절하고 강력한 질문을 사용한다.

코칭을 할 때마다 느끼는 건 고객이 원하는 답은 항상 고객에게 있다는 것이다. 질문에 대한 답을 하기 위해서는 생각을 하게 된다. 때론 생각지 못했던 부분을 성찰하고 새로운 기회를 열어 주며 성장하고 변화할 수 있는 계기를 마련한다. 때론 해결책이 하나밖에 없다고 생각했으나 질문에 따라 그 수가 계속 늘어난다. 그것이 질문의 힘이다.

우리나라가 다양한 사고를 수용하고 혁신적이고 창의적인 사회를 원한다면, 가장 먼저 질문으로 자극하는 데 더 열려 있어야 한다. '정답'이라는 필터를 벗어던지고 사람들의 다양한 생각에 궁금증을 갖고 들어주고, 지원하고, 함께 응대하며 생각을 키우는 자세가 중요하다. 이 세상에 뻔한 것은 없다.

포용적 리더십의 파워

듀폰은 매년 직원몰입도 조사를 실시하고, 그 결과를 갖고 직원들과 솔직한 대화를 통해 실천계획을 세운다. 그런데 이 과정에서 우리 팀이 압도적으로 높은 점수를 보인 항목이 있다.

▶ 직원들의 아이디어와 제안을 중요하게 생각한다.
▶ 직원들의 좋은 아이디어를 상사가 채택하여 적용한다.
▶ 직원들이 상사와 아이디어, 생각 혹은 걱정을 자유롭게 나눈다.
▶ 새로운 혹은 더 나은 방법에 대해 열린 마음으로 의견을 개진하도록 권장받는다.

이 질문에 대해 모든 팀원은 항상 그렇다(100%)고 답했다는 점은 매우 놀랍다. 이러한 결과는 듀폰의 전체 평균치 또는 외부 벤치마킹 대상 점수보다도 월등히 높았다.

나와 함께 일했던 글로벌팀은 캐나다, 미국, 스페인, 덴마크, 브라질 등 다른 문화, 언어, 성장 배경을 갖고 있는 정말 다양한 팀이었다. 얼핏 생각하면 이런 특징으로 인해 우리는 조직의 목표 달성에 큰 어려움을 겪을 수도 있다. 하지만 한 사람도 빠짐없이 자기 의견을 스스럼없이 얘기하고, 함께 결정하고, 서로 인정하고 함께 성장하고자 노력하였다. 정말 내 생애 최고의 팀이었다.

이러한 강력한 팀워크와 팀의 몰입을 이끌어 낸 데는 팀을 이끈 리더가 있었다. 그는 포용적 리더와 관련해서는 나의 롤모델이기도 한데, 포용적인 리더에게는 그냥 좋은 리더를 넘어서는 무엇인가가 있다.

일반적으로 자신과 유사한 사람들과 결속관계를 유지하는 것보다 나와 다른 다양한 사람들과 포용적인 관계를 만들어 가는 데는 존중과 마찬가지로 별도의 에너지가 필요하다. 존중하는 환경을 만드는 데 리더의 역할이 중요하듯 포용 또한 리더가 직원들을 함께 팀으로 일하게 하고, 아이디어를 하나하나 소중하게 다루며, 열린 마음으로 팀을 위해, 팀의 더 나은 결과를 위해 하는 그 역할이 더 크다. 특히 글로벌 환경에서는 문화적 배경, 성별, 관점, 일하는 스타일 등 너무나 다양한 면들을 고려해야 한다. 그래서 포용적 리더는 상호작용적 관계에서 개방적이고 접근 가능하며 능력 있고 유용성을 보인다.●

현대 사회는 다양성만으로는 충분하지 않다. 다양한 생각, 시각, 성격, 문화 등이 제대로 조직 내에 녹아들게 하려면 이러한 다양성을

● Carmeli, A., R. Reiter-Palmon&E. Ziv(2010), Inclusive leadership and employee involvement in creative tasks.

적절히 섞이도록 하는 포용이 필수요소다. 그것이 다양성에 대한 노력에는 포용이 함께 따라와야 하는 이유다.

듀폰은 이러한 다양성과 포용이 존중이라는 가치 안에 녹아 있다. 존중을 보여 주는 핵심 행동 중에 모든 사람들이 편안하고 안전하게 자신의 생각을 밝히고 존중받을 수 있도록 하며 이 안에 다음과 같은 포용을 표현하는 세부 행동 리스트가 포함된다.

- ▶ 회의 때 모든 멤버들이 자기 생각을 표현할 수 있다.
- ▶ 각 개인의 의견과 기여한 바에 대해 감사함을 표시한다.
- ▶ 직원들이 자기 의견, 관점, 생각을 자유롭게 개진하도록 자극한다.
- ▶ 중간에 개입하거나 편집하지 않고 전체 메시지를 잘 듣는다.
- ▶ 아이디어나 의견의 전반적인 내용을 호기심을 갖고 더 알아본다.
- ▶ 모든 기여한 부분에 대해 의미있게 받아들인다.

한국 듀폰에 있는 리더들을 개발하고자 한국 사람과 일한 경험이 많은 다양한 아시아 리더들의 피드백을 받은 적이 있다. 한국 리더의 역량 항목에 대한 조사를 실시한 것이다. 많은 사람들이 한국 리더들의 강점은 탁월한 실행능력과 고객관리능력을 뽑았다. 하지만 개발해야 할 분야에 대해서는 다양한 의견에 귀 기울이기, 다양한 의견을 수렴하여 팀 전체의 방향으로 조율해 나가는 능력, 리더십 등을 들었다. 흥미롭게도 몇 년의 차이를 두고 다른 그룹에게 실시한 조사에서 두 번 다 동일한 의견이 나왔다. 다른 나라에서 준 피드백을 기반으로 한국 리더들의 역량 계발에 대한 내부 논의도 있었다. 결국 우리가 그렇게 교육받고 자라왔다는 결론에 이르렀다. 이는 다양성과 포용적 리더십에 대한 도전인 셈이다.

사회에 기여하고 있는 기성세대뿐만 아니라 앞으로 우리나라의 미래를 짊어질 다음 세대를 생각하면, 앞으로 더욱 더 성장하며 글로벌 속의 한국이 되기 위해서는 다양한 생각과 다양한 배경의 사람들을 포용하며 창의적인 솔루션을 제시할 수 있는 포용적인 리더십이 우리 미래라 생각한다.

존중과 다양성이 그렇듯 포용도 역시 자신의 인식에서 시작된다. 본인의 생각, 행동 패턴을 이해하고, 함께 대화하려 하고 바꾸려는 노력들이 모여 점차 존중하고 다름이 포용되는 환경을 만든다. 차이에 대해 소중하게 생각할 줄 아는 힘, '왜' 라는 질문에 자기 생각을 자신 있게 드러내고 함께 토론할 줄 아는 대화 능력, 다름에 호기심을 표할 줄 아는 여유, 다른 이의 의견에 귀 기울이기, 또한 가장 근간이 되는 건강한 자아존중감, 이런 것들은 단순히 교과서를 공부해서 성적을 잘 받는다고 키워지지 않는다. 스스로 존중하고 포용하는 대화법을 연습하고 포용하는 법을 몸에 익혀야 한다. 이를 위해 개인별로 쉽게 해볼 만한 포용적인 대화법을 소개하면 다음과 같다.

▶ 상대방의 의견 잘 들어주기
▶ 다양한 관점에 열린 마음 갖기
▶ 판단을 유보하고 대화하기

▶ 동의하지 않아도 괜찮다고 여기기

▶ 자기 의견을 자신 있게 표현하기

▶ 휴대전화나 컴퓨터 등 전자기기의 방해에서 벗어나기

    이러한 포용적 리더십은 생활 속에서, 경험 속에서, 성찰과 노력에서 나온다. 따라서 우리도 다양성에 열린 마음을 갖고 포용하며 경쟁력을 갖는 것이 더욱 중요하다. 또한 이러한 포용적 리더십이 존중을 기반으로 굳게 뿌리내릴 때 진정 그 힘이 발휘될 것이다.

Key Learning

1. 서로 다름에 대한 포용이 자칫 차별로 비치지 않도록 체화하는 것은 글로벌 사회로 성장하는 데 중요한 요소다.

2. 여성의 강점을 기반으로 미래 경쟁력을 가꾸어 가자.

3. 다양한 세대가 공존하는 시기의 장점은 다른 강점을 활용할 수 있는 절호의 기회이며, 이를 유연하게 아우를 수 있는 열린 문화가 세대 차이를 강점으로 이끈다.

4. 장애를 있는 그대로 받아들이는 것이 진정한 존중이다.

5. 다양성 강조만으로는 부족하다. 우리나라가 글로벌화하며 발전해 나가는 데 필요한 것은 다양성, 포용, 존중의 삼박자가 어우러져야 한다.

6. '정답'이라는 필터를 벗어던지자. 질문으로 자극하고 다른 의견에 귀기울이자. 답은 하나가 아니다.

7. 서로 다름을 열린 마음으로 받아주고 지원하는 것은 우리가 함께 성장하는 방법이다.

8. 새로운 관계 설정은 그 사람의 역할을 존중한다는 것이며, 새로운 관계를 존중하며 진전시켜 나가겠다는 의지다.

9. 포용적 리더십은 우리나라가 다양성을 포용하고 경쟁력을 강화하는 데 필요한 역량이다.

10. 존중, 다양성 그리고 포용은 자신의 인식에서 시작된다. 본인의 생각, 행동 패턴을 이해하고, 함께 대화하려 하고 개선하고자 하는 노력이 모여 존중하고 다름이 포용되는 환경을 만든다.

Part 5

존중하는 문화 속에
다양성과 포용 꽃피우기

편견Unconscious Bias을 넘어서서

혹 이런 유머를 들어본 적이 있는가. 에디슨이 한국에서 태어났다면 취직을 못했을 거라고. 이유는 무학력자니까. 퀴리 부인이 한국에서 태어났다면 결혼을 못했을 것이다. 이유는 뚱뚱해서. 시답잖은 유머라고 생각할 수도 있지만, 만일 그런 상황이면 한국에선 그럴 수도 있겠다는 생각이 든다. 제도와 문화적 편견을 잘 드러내 주는 유머다. 이외에도 일상에서 볼 수 있는 편견들이 많다. 연장자는 경험이 많고 현명하다거나, 외동은 이기적이라거나, 비만인 사람은 느리다고 생각하는 편견들이다. 하지만 대부분 개인 차이인 경우가 많다.

편견은 "비합리적이고 부적절한 정보에 근거해서 특정 대상을 부적절하게 평가하는 것"이다.● 편견은 비합리적인 근거와 경험에 의해 그리고 왜곡된 신념에 의해 만들어진다.

● 편견의 심리, 서창원 · 김남일, 신세계커뮤니케이션즈, 2001

사람들은 처음 만났을 때 자신의 필터를 가지고 보고 판단한다. 나의 필터는 내가 살아온 다양한 삶의 배경과 사건들을 바탕으로 형성된 것이다. 교육을 하면서 나는 직원들과 이에 관한 사례들을 논의하곤 하였다. 한번은 양복을 입은 흑인 남성과 학사모를 쓴 백인 여성을 보여 주며, 만일 이 두 사람 중 자녀의 영어 선생님으로 누구를 선택하겠느냐고 물었다. 대다수가 백인 여성을 선택했다. 아마도 백인, 학사모, 여성이라는 데이터가 그런 판단을 내리게 하지 않았나 싶다. 하지만 흑인 남성이야말로 유아 전문 영어 선생님이었고 여자는 그 당시 미국에서 가장 악명 높은 살인자였다.

편견의 시작은 대상의 왜곡된 지각에서 시작되고 또한 이러한 편견은 환경에 따라 달라진다. 따라서 편견을 이해할 때는 '특정 사회적 상황에 처한 특정 개인의 한 인식행동 유형'으로 파악하는 것이고, 이에 대한 접근도 무작정 비판보다 왜 그런 편견을 갖게 되었는지, 역사적 · 경제적 · 문화적 · 개인적 특성 측면에서 다면적으로 접근하는 것이 좋다.● 다양한 곳에서 나타나는 편견을 가능한 줄이는 것이 편견을 넘어서 다양성을 포용하는 방법이다. 개인적 · 조직적 차원에서 편견을 줄이는 방법은 다음과 같다.

개인별 수준의 편견을 줄이는 방법

▶ 모든 사람이 편견을 가지고 있음을 인정하자. 우리는 무의식적 혹은 의도하지 않게 편견을 가지고 있다.

● 편견의 심리, 서창원 · 김남일, 신세계커뮤니케이션즈, 2001

▸ 자신의 의견이 데이터를 기반으로 한 건지 혹은 적절한지 확인하는 자세를 갖자.
▸ 자신이 가지고 있는 편견을 인정하고 자세하게 들여다보자. 혹은 주변 사람에게 피드백을 구하자.

시스템 수준의 편견을 줄이는 방법
▸ 다양한 소스로부터 정보를 얻는다.
▸ 채용, 선발, 성과관리 프로세스에 대한 다양한 입장과 의견을 듣는다.
▸ 팀 전체 성과에 영향을 미칠 수 있는 팀의 역학에 특히 관심을 쏟는다.
▸ 개인의 무의식적인 편견의 영향을 줄일 수 있도록 교육한다.
▸ 객관적인 평가를 할 수 있도록 성과관리 프로세스를 표준화한다.

상대방을 진정으로 존중한다는 것은 사람들이 자신도 모르게 가지고 있는 수많은 필터를 인식하고, 상대방이 가지고 있는 다양한 배경을 이해하기 위해 노력함을 뜻한다. 필터를 통해 우리는 사고하고 판단한다. 우리가 사람을 만나 첫인상이 만들어지는 데 단 5초밖에 안 걸린다고 하니 참 놀라운 일이다. 결국 상대방을 존중하는 것은 내 안에 숨어 있는 수많은 필터가 얼마나 타당한 것인지를 끊임없이 챙기는 일에서부터 시작하고, 편견은 없는지 체크하고, 상대방을 하나의 모습으로 재단하는 것을 경계함으로써 지속될 수 있다. 우리 주변에는 어떤 편견들이 있을까.

시스템 속 편견을 넘어서

채용과 선발 시스템

듀폰에서도 양성, 세대차이, 다양한 문화적 배경을 지닌 리더십, 혁신적인 아이디어 등 다양한 분야의 다양성 주제에 초점을 맞추어 전략과 실행계획을 세운다. 그러나 세계적으로 아직도 여성 인력의 사회진출도 및 임원의 비중에 각 지역별로 우선순위가 있다 보니 자연스레 여성 인력에 대한 부분이 가장 공통적으로 중점적인 전략이었다. 듀폰이 제조업을 기반으로 하는 회사이기도 하고, 여성 인력이 다른 회사보다 많다고는 하나, 아직도 비중을 높이는 데는 기회가 있다고 여기기 때문이다.

여성 비율을 점차적으로 늘리기 위해 기업체들이 다양한 노력을 기울이고 있는데, 대체로 두 가지 방법으로 이루어진다. 내부에 있는 인력을 승진시켜 내부 파이프라인 체계를 잡거나 아니면 외부에서 여성 인력을 채용하는 것이다.

채용과 선발 같은 시스템에서 나타나는 편견은 오래전부터 연구 대상이었다. 예일대 연구 결과에 따르면 똑같은 이력서를 가지고 가장 평범한 남자의 이름과 여자의 이름을 써 놓고 실제 면접을 실시했다. 물론 경력, 배경 등은 두 후보가 동일하며 정말 단지 다른 점이라면 남성과 여성의 이름뿐이다. 그리고 면접관도 남성과 여성을 섞어 진행했다. 이 실험에서 과연 누가 뽑혔을까? 흥미롭게도 79%가 남성 이름이 적힌 이력서를 뽑고 싶다고 하였고, 단지 49%만이 여성 이름을 쓴 이력서를 뽑을 가치가 있다고 표현했다는 점이다.●

그중에는 남성 후보를 뽑겠다는 여성 면접관도 포함되어 있었다. 이러한 사실을 실제로 면접관들에게 보여 주었을 때 서로 자신의 편견을 깨닫고 놀라워했다. 실제 이 모습은 ABC 뉴스●●에 방영된 적이 있으니 흥미로운 참고자료가 될 것이다. 여성 입장에서 단지 어떤 능력을 발휘할 수 있는지에 대한 객관적인 평가 없이 단순히 남성인지 여성인지에 따라 능력이 평가된다는 것은 아이러니한 일이다.

다행인 건 기업체에서는 성별 편견 없이 능력 위주로 채용하는 노력을 해 왔다. 그중 인상적인 연구는 1997년도에 발표된 Orchestrating Impartiality : The Impact of "Blind" Auditions on female musicians●●●에서 가려운 곳을 시원하게 긁어 주었다.

● Steinpreis, R. E., Anders, K. A., & Ritzke, D.(1999). The impact of gender on the review of curricule vitae of job applicants and tenure candidates ; a national empired study. Sex Roles, 41(7-8), 509-28
●● http://abcnews.go.com/WNT/video/women-endure-surprising-bias-workplace-21186867
●●● Goldin. C. & Rouse C.(2000) Orchestrating impartiality; the impact of "blind" auditions on female musicians. The American Economic Review 90(4); 716-741

음악가들은 오케스트라 단장에 의해 선택되므로 객관적인 선별과정을 거치는 것 자체가 어려움이 있다. 1970년대와 1980년대에는 선별과정 자체를 개방적이고 정기적으로 진행하는 정책이 만들어졌다. 이로 인해 공석에 대한 홍보를 더 많이 하게 되었고, 후보자들의 신청도 기존 20명에서 100명으로 늘었다. 좀 더 객관적인 선별과정을 거치기 위해 오디션 위원을 선정하고, 객관성을 유지하기 위해 블라인드 오디션 방법을 채택했다. 미국 오케스트라단에서 블라인드 오디션을 거친 1970년대에서 1996년까지 여성 음악가가 46%까지 증가했다. 이는 단원을 선택하는 데 의식적이든 무의식적이든 남자 단원들이 더 뛰어난 실력을 갖고 있다는 편견이 작동했음을 의미한다.

최근 들어서는 단순히 블라인드 오디션만으로는 충분하지 않아 오디션 때 신발까지 벗어야 한다는 의견을 내놓기도 했다. 왜냐하면 하이힐 소리만으로도 남자인지 여자인지 구분되기 때문에 성별 편견을 갖고 있는 심사위원들의 판단에 영향을 미칠 수 있기 때문이다. 지속적인 도전과 함께 음악계의 새로운 시도가 아름다운 음악만큼이나 무척 반갑다.

요즘 많은 회사들이 직원 채용 때 블라인드 방식을 채택하고 있다. Fast Company 잡지●에 의하면 Deloitte, HSBC, BBC 등이 대표적이다. 이 채용방식은 우리가 가지고 있는 무의식적인 편견을 극복하고 다양한 인력을 채용하는 데 도움이 된다. 어떤 방식으로 진행할지는 그 회사의 역량과 기준에 따라 다르다. 우리는 누구나 편견을 가지고 있기

● http://www.fastcompany.com/3057631/the-future-of-work/how-blind-recruitment-works-and-why-you-should-consider

때문에, 사실 편견을 갖고 있다는 사실을 인지하는 것이 모든 것의 첫 걸음이다.

휴렛패커드 보고서에 따르면, 여성은 공지한 필요조건을 100% 충족해야 공개 채용직에 지원하는 반면, 남성은 필요조건의 60%를 충족한다고 생각하면 지원한다.● 듀폰에서도 유사한 소그룹 인터뷰를 진행했었는데, 여직원의 경력 개발을 위해 어떤 회사의 지원이 필요하냐는 질문에 의외로 여직원들 사이에서 공개 채용직이 있을 때 인사부나 상사가 지원할 것을 적극 권장해 주기를 원했다. 이러한 의견의 뒷배경은 본인이 정말 충족될 것인지, 혹여 부족하진 않은지에 대한 막연한 부담감, 불안감, 자신감 결여 등이 작용한 것으로 풀이된다.

과거에도 세일즈 분야에 여직원의 비율을 높이기 위해 학습그룹 및 경력 개발, 회의 등 다양한 방법을 통해 적극 지원했을 때도, 여직원들과의 회의에서 세일즈에 지원할 사람을 물었더니 손드는 사람이 없어서 난감했던 적이 있다. 물론 이제는 다양한 직무에 여성 인력들이 많이 배치되어 있으나, 채용·선발에서 편견이 사라지기에는 아직도 넘어야 할 벽은 높다.

체육 예술계에서는 이미 성의 벽을 넘은 지 오래되었지만, 아직은 깜짝 놀랄 만한 뉴스가 전해지고 있다. 최근에 흑인이 발레단 프리마돈나가 되었다는 소식을 들었다. 2015년 미국 3대 대표 발레단인

● Georges Desvaux, Sandrine Devillard-Hoellinger, and Mary C. Meaney, "Business Case for Women," The McKinsey Quarterly (September 2008): 4, http://www.rctaylor.com/Images/A_Business_Case for Women.pdf

아메리칸발레시어터 사상 최초로 미스티 코플랜드라는 흑인 여성이 수석무용수가 되었다. 그는 157cm의 자그마한 키, 단단한 골격과 두드러진 근육에 검은 피부로 그동안 가늘고 여린 순백의 클래식 발레에서는 상상조차 할 수 없었던 고정관념을 깨버렸다.

발레를 늦게 시작한 그녀는 "당신의 발 모양, 아킬레스건, 턴아웃 동작, 몸통과 가슴 등은 발레에 적합하지 않습니다. 그리고 13세는 발레를 시작하기엔 너무 늦은 나이입니다"라는 피드백을 받았다고 한다. 그러나 끝까지 포기하지 않고 32세에 당당한 프리마돈다가 된 것이다. 타임지 선정 2015년 영향력 있는 100인 중 예술가가 아닌 개척자로 이름을 빛낸 그녀는 "백조가 되기 위해 창백할 필요는 없다"는 의미 있는 말을 남겼다.●

능력과 성과 시스템

많은 기업들이 여성 임원 비율을 늘리고자 하는 데도 여성들은 자신을 끊임없이 과소평가한다. 남성은 자기 업무 능력을 실제보다 높게 평가하는 반면 여성은 실제보다 낮게 평가하는 경우가 많다. 세계 일류라는 하버드대 법학대학원생을 대상으로 법무 관련 기술의 모든 범주에서 자기 점수를 매기라고 요청했을 때 여성은 거의 모든 범주에서 남성보다 낮았다.●●

● 여성신문, 이세아 기자, https://en.wikipedia.org/wiki/Misty_Copeland
●● Working Group on Student Experiences, Study on Womens' Experiences at Harvard Law School (Cambridge, MA:Working Group on Student Experiences, February 2004), http://www.law.harvard.edu/students/experiences/FullReport.pdf/

많은 기업체에서의 일은 내가 내 자신을 평가하기보다는 다른 사람에 의해 평가받게 되는 경우가 많음을 감안할 때 전통적으로 남성이 지배해 온 영역에서는 여성의 자기 과소평가 현상이 훨씬 더 두드러진다.*

여성들에게는 신데렐라 콤플렉스, 착해야 한다는 고정관념이 작동한 것인지도 모른다. 일에 대한 결과에 대해 표현할 때도 성공의 원인을 여성 자신이 가진 자질이나 기술이 아니라, 많은 경우 여성들은 다른 사람의 덕이나 운이 좋았다고 표현한다.

실패의 원인을 설명할 때도 남녀의 차이가 난다. 남성은 "충분히 연구하지 않았기 때문에" 혹은 "해당 주제에 관심이 없었기 때문에"라고 생각하는 반면, 여성들은 자신의 능력이 부족해서 실패했다고 생각하는 경향이 높다.**

연구 결과에 따르면 남성과 여성이 함께 업무를 진행할 때, 여성이 남성에 비해 성공적인 결과물에 대해 덜 인정받거나 혹은 실패하였을 때 남성보다 여성이 더 혹독한 평가를 받는다.*** 흥미롭지 않은가?

● Kimberly A.Daubman, Laurie Heatherington, and Alicia Ahn, "Gender and the Heatherington et al., "Two Investigations of "Female Modesty" in Achievement Situations," Sex Roles 29, nos.11-12(1993): 739-54
●● Sylvia Beyer, "Gender Differences in Causal Attributions by College Students of Performance on Course Examniations,"Current Psychology 17, no.4(1998):346-58
●●● Heilman, M.E. & Hayes, M.C.(2005). No credit where credit is due:attributional rationalization of women's success in male-female teams. Journal of Applied Psychology, 90(5), 905-926; and Hayes, M.C., & Lawrence, J.S.(2012). Who's to blame? Attributions of blame in unsuccessful mixed-sex work teams. Basic and Applied Social Psychology, 34(6), 558-564

대학원 다닐 때 방학 때마다 새로운 도전을 하고 싶어 기업체에서 협찬하는 에세이 공모전에 응모하곤 했다. 언어학과 경영학을 접목하여 다양한 분야에 대한 연구와 함께 좋은 결과를 얻게 되면 금전적 보상도 얻을 수 있어 일석이조였다. 한 기업에서 내 글이 우수상을 받게 되었는데, 그때 프로그램 담당 남자 직원이 "누가 써줬느냐"고 물어봐 화가 났던 적이 있다. 여성들의 성공은 무엇보다 누구의 도움 혹은 열심히 일을 해서 혹은 운이 좋기 때문인 것으로 인식되는 편견을 종종 보곤 한다.

더욱 흥미로운 것은 엄마들도 딸보다는 아들들의 기어다니는 능력을 더 과대평가*한다는 점이다. 어느 나라를 막론하고 남녀의 차이가 곧 남자들의 능력이 종종 과대평가되어 왔으며, 특히 남성우월주의 사회에서는 이런 모습을 더 자주 볼 수 있다. 그리고 알게 모르게 우리는 그러한 시각 속에서 우리 관점을 강화하고 있는 것이다.

조직 내에서 편견이 관찰되는 데는 성과관리도 한 분야다. 연말 성과점수를 최종적으로 제출하기 위해 국내에서 한 번, 아시아태평양지역에서 한 번 인사위원회를 연다. 각 나라 리더들이 모여 직원들이 연말 성과점수를 결정짓는 자리였다. 한 리더는 핵심인재로 선발된 직원의 그해 성과에 대해 태도와 커뮤니케이션이 좋고, 또한 조직에 많은 기여를 했다며 최상위 점수를 제안했다. 그때 그 팀과 함께 일을 많이

* Mondschein, E.R., Adolph, K., & Tamis-LeMonda, C.(2000). Gender bias in mothers' expectations about infant crawling. Journal of Experimental Child Psychology, 77(4), 304-316

한 다른 리더가 질문을 던졌다.

"이번 기회에 직원들이 기여한 내용들을 한번 들어봅시다. 제가 볼 때는 그 직원뿐만 아니라 다른 직원도 올해 성과를 내는 데 많은 기여를 한 것 같습니다. 물론 이 직원은 우리 조직의 핵심인재이니 당연히 긍정적인 평가를 받겠지만, 객관적으로 기여한 직원들도 공정하게 평가하는 것이 맞다는 생각이 듭니다."

그 리더 덕에 우리는 편견이 성과관리에 미치는 영향에 대해 논의할 기회를 가졌다. 우리가 알고 있는 할로효과Hallo Effect가 성과관리에서도 나타나고 있음을 깨달았다. 성과와 잠재능력이 뛰어난 핵심인재로 선발되었다는 것 때문에 다른 모든 요소를 평가할 때 긍정적인 영향을 미치는 것이다. 결국, 같은 직급에 있는 두 직원을 객관적으로 평가하기 위해 우리는 그들이 기여한 내용을 객관적으로 듣고 그들이 기여한 사항을 중심으로 직원들의 그 해 성과 결과를 결정했다.

또 한번은 매니저 대상 교육을 실시할 때 Proximity Bias를 소개한 적이 있다. 가제는 게편이라 했던가. 물리적으로 가까이 있는 사람이 그렇지 않은 사람보다 더 긍정적인 영향을 미친다는 내용이다. 듀폰은 매트릭스 조직으로 한국에 근무하면서도 항상 다른 나라 사람들과 일을 한다. 그래서 직원들은 상사와 일하는 곳이 다른 경우가 다반사다. 인사고과를 결정할 때도 상사와 직원이 같은 곳에서 근무하며 매일매일 어떻게 일하는지를 보는 것이 사실상 그렇지 못한 직원에 비하여 성과에 긍정적인 영향을 미칠 가능성이 높다. 이러한 것을 알고 실적적 평가 전에 편견을 없애고 객관적인 데이터를 기반으로 좀 더 객관적인 평가를 할 수 있나.

Proximity Bias에 대해 논의하고 난 후 여섯 나라에 흩어져 있는 직원들의 인사고과를 논해야 하는 아세안 지역 담당 리더로부터 좀 더 공정하고 객관적인 평가를 내리는 데 도움이 되었다는 메일을 받은 적이 있다. 이처럼 조직 내 많은 시스템에 편견이 존재하며 이 편견에 의해 우리의 말과 행동이 결정된다.

생활 문화에 내재된 편견을 넘어

　편견은 조직 내 다양한 시스템 속에서 작동하나 자세히 들여다보면 많은 부분 생활과 문화 속에서 내재되어 나온다는 것을 알 수 있다. 한국이 남성우월주의 사회인 것은 다른 많은 나라에도 잘 알려져 있다. 다른 나라 직원들과 사회 문화에 대한 얘기를 많이 나누는데, 결혼 소식을 전하고 신혼여행을 간다고 했더니, 다른 나라 동료들이 이렇게 물었다. 회사는 계속 다닐 거냐고….

　중국의 여자 동료들은, 물론 중국도 지역 차이가 있긴 하지만, 상하이 여직원들은 일하는 것만으로도 자신들이 충분히 바쁘다고 여기기 때문에 요리와 청소는 남편 몫이며, 아이를 봐주는 것은 당연히 부모님 몫이라고 한다. 우리와 참 다르다. 물론 이러한 모습도 비행기를 타고 2시간만 날아가면 도착하는 중국 베이징에서는 여성의 역할에 대한 기대치가 한국과 유사하여 여자가 집안일을 맡아서 한다. 한국에서 보통 일하는 엄마들의 모습을 소개하면 모두 놀란 눈으로 쳐다본다.

글로벌 환경에서 일하다 보면 신선한 문화적 충격을 받을 때가 있다. 교육프로그램에서 만난 다른 나라 참석자들과 교육 외의 이야기를 나누는 재미가 있다. 한국 참석자들이 가족사진을 보여 주고 배우자 이야기를 꺼내면 그 모습을 보고 놀라는 건 일본 사람들이다. 자신의 개인적인 가족 사랑을 사람들 앞에 드러내는 게 어색한가 보다.

미국에 한 달 동안 출장을 간 적이 있는데, 중국계 미국인 여성 동료는 남편이 집에서 가사와 육아를 도맡아했다. 남편이 다려 준 분홍 셔츠를 입고 출근해서, 남편이 구워 준 쿠키를 동료들과 나눠 먹으며 즐거워하는 모습이 무척 다르게 느껴졌다. 아이들을 돌보는 데도 엄마보다 아빠가 더 능숙했다. 그리고 남편을 정말 좋은 아빠, 좋은 남편이라고 소개하는 것을 보고 나의 미래를 그려본 적이 있다. 실제로 엄마 성격은 열정이 많고 급한데 아빠는 아이들의 얘기를 들어주고, 칭찬과 훈육을 조화롭게 해 나가는 모습이 정말 좋은 아빠라는 표현에 자연스레 수긍이 갔다.

사람은 미래를 꿈꾸면 그런 모습을 닮아간다고 한다. 결혼 전이었던 내게 사람들 앞에서 거리낌없이 좋은 아빠, 좋은 남편이라 소개하던 그들의 모습과, 미국에서 느꼈던 따뜻함이 지금 남편과의 결혼을 결정하는 데 많은 영향을 미쳤다. 그리고 늘 내게 좋은 아빠이면서 좋은 남편임을 자신있게 얘기할 수 있게 해 주는 남편에게 감사한다. 또한 요즘 좋은 아빠가 되기 위해 아빠들만의 모임을 갖고, 육아휴직을 하며 애들과 함께 있을 시간을 마련하는 아빠들이 한국에도 늘고 있다는 점은 고무적인 일이며, 앞으로 더욱 권장되어야 한다고 생각한다.

나 자신의 편견을 넘어서

언젠가 상사와 직원들의 경력 개발을 위한 딜레마 상황을 놓고 토론을 벌였다. 김 상무는 늘 자신이 팀원들 개발을 위해 노력하는 상사라고 생각한다. 김 상무 밑에 한 부장이라는 여사원은 5명의 팀원 중 한 명이며, 항상 좋은 성과를 내는 직원이다. 김 상무는 3개월 전 한 부장이 임신한 사실을 알게 되었다. 그는 6개월 내에 사내 이동이 있어 팀장 자리가 빌 거라는 걸 알고 있었고, 한 부장이 경험이나 역량면에서 가장 적임자라고 생각했었다. 물론 그녀가 임신한 사실을 알리기 전까지 말이다.

그는 한 부장이 이미 두 아이의 엄마이고 아이 셋을 키우는 데는 엄마의 몫이 크다는 것과 한국 사회에서 워킹맘의 고충을 너무나 잘 알기에, 한 부장을 복잡하게 만들고 싶지 않아 다른 직원에게 그 자리를 주려고 생각 중이다. 우리 주변에서 종종 볼 수 있는 시나리오인가? 여러분이라면 김 상무의 결정에 동의하는가, 아니면 다른 조언을 해 주고 싶은가?

　듀폰에서는 정기적으로 직원들의 성장성과 경력 개발에 대해 논의하는 스태핑Staffing 미팅을 진행한다. 이러한 인재관리 프로세스에 다양성에 대한 필터를 지속적으로 유지하고 적용한다는 것은 매우 중요하다. 또한 이러한 스태핑 미팅을 정기적으로 나라별 · 부서별 · 직급별로 다양하게 실시하는데, 아시아태평양지역에서 부서 사장 후보자들을 개발하기 위해 모인 팀이 있다. 이 팀은 총 13명으로 현 부서별 아시아 사장, 각 지원부서 최고임원 등으로 이루어져 있다. 이 팀 중에 여성은 단 한 명뿐이었다 이에 대해 전략적으로 여성 사장단의 수를 늘리는 것을 아시아태평양지역의 다양성 목표 중의 하나로 삼았다. 그렇게 전략적으로 노력한 일 년 사이에 세 명의 여성 사장이 선임되어 미팅에 참여하는 쾌거를 이루었다.

　이 세 명의 여성 리더가 함께한 그날 인재개발에 대한 논의가 집중적으로 이루어졌다. 어느 한 리더가 중국의 한 여직원의 경력 개발에 대한 논의를 한 후, 지금 그 여직원이 임신 중이기 때문에 새로운 일은 출산 후 돌아오는 2년 후쯤 고려하겠다고 발표했다. 흥미로운 것은 직원 경력 개발 논의에 얼마나 다양한 멤버들이 있느냐에 따라 논의 방향이 그전과는 많이 달라졌다는 점이다. 이전 같으면 그 여직원의 경력 개발에 대한 계획을 듣고 아무렇지 않게 넘어갔을 텐데, 이번에는 여성 리더들이 본인의 의견을 내놓았다. 아기를 낳고 휴직기간은 단지 몇 개월에서 일 년 정도이며, 모든 임신한 여성이 거치는 과정에 불과하다. 단지 인내심만 필요할 따름이며, 그가 능력이 있고 새로운 일에 적임자라면 출산 후 돌아오는 일 년 후로 잡을 것이 아니라 지금 당장 새로운 일을 기획하는 것이 맞고, 출산 후 조직적인 지원을 통해 공백을 메우는 것이 맞다는 내용이었다. 중국 여직원의 경력 개발 계획을 제시했던 리더는 자신의 편견을 인식하는 기회가 된 것에 기뻐했다.

여성 리더들이 더 포함됨으로써 리더십 미팅에서 다양성을 보는 시각과 그에 따른 대화의 질이 너무 달라 미팅을 주도하던 나 역시 흥미로웠다. 또한 다양성에 진전을 보이기 위해서는 의사결정을 하는 그룹의 여성 비율과 다양성 요소부터 바꾸어야 함을 체험한 값지고 감동적인 순간이었다. 여성과 남성을 떠나 개인의 경력 개발을 위한 균등한 기회를 주어야 한다. 무엇보다 경력 개발에 대해서는 속단하지 말고 당사자에게 선택할 기회를 주자. 우리 모두는 편견을 갖고 있다. 인간이기 때문에 말이다. 항상 내 스스로의 편견에 깨어 있자.

여성 스스로 편견에 도전하기

앞서 남녀 비율이 조직의 성과에 영향을 미친다는 내용을 소개한 적이 있는데, 기업에서 여직원 비율을 높이기 위해 여성이 넘어야 할 도전이 있다. 이를 돕기 위해 회사들은 여직원 대상으로 경력관리 교육프로그램과 다양한 활동을 지원한다. 그중 하나로 역할모델 리더들의 생각, 경험, 노하우를 듣는 시간을 통해 여직원들의 고민을 듣고 성장의욕을 자극하기도 한다.

이때 자주 등장하는 질문이 "어떻게 성장해 왔는지", "상사에게 승진 가능성에 대해서는 어떻게 얘기를 꺼내는지", "상사와 자신의 경력 관련 논의는 어떻게 하는지"였다. 여성들은 당당하게 본인의 요구사항을 드러내는데 관심을 보이나 정작 상대편이 알아주기를 더 기다린다. 곧 우리 여성들이 깨고 나가야 하는 벽이다.

그동안 여성 인력의 개발은 상당한 변화를 가져왔다. 종종 행정고시와 사법고시에서 여성 합격자의 비율이 최고치를 경신했다는 뉴스를 접한다. 일반 기업체에서도 중간관리자층에 여성 인력의 비율이 조금씩 늘어나고 있다. 많은 글로벌 연구자료에서도 보여 주듯이 여성 인력이 많은 회사에서는 경쟁사에 비하여 수익률이 더 높게 나온다. 하지만 아직도 통계적으로 고위직 여성의 비율은 갈 길이 멀다.

아시아 지역 여직원들과의 정기적인 포럼 중 많은 논의가 있었던 주제가 여성들의 자신감에 대한 것이었다. 내부 여성 리더들과 관심 있는 내용을 주제로 토론하는 형식으로 이루어졌고 Atlantic 잡지에 나온 "Confidence Gap"•을 토대로 했다. Atlantic 기사에서 제기하고 있는 부분은 고위직 여성 비율이 아직도 저조한 이유 중의 하나는 여성들의 자신감 결여라고 꼬집는다. 흥미 있는 포인트다. 많은 여성들은 스스로 다음 승진에 준비가 안 되었다고 생각하고, 새로운 일을 맡을 때도 과연 할 수 있을지에 대한 의문을 갖는다.

어느 미팅에서의 일이다. 리더가 인사위원회에서 한 여직원에게 새로운 일을 맡기려는데 그 여성의 의사가 어떨 것 같은지에 대한 질문이 나왔다. 그때 그녀의 상사는 이미 그 여성의 의향을 물어본 적이 있어 자신없어 한다고 대답했다. 몇몇 사람들은 그러면 다른 후보자에 대해 얘기하자고 했으나, 한 리더의 의견이 전체 분위기를 바꾸어 놓았다. 그것은 여성은 기본적으로 자신감이 떨어지지만 그것이 일에 대한 자신감이 떨어지는 것은 아니라는 것이다. 단순히 겸손에서 나오는

• http://www.theatlantic.com/magazine/archive/2014/05/the-confidence-gap/359815/

여성과 남성의 커뮤니케이션 차이일 뿐임을 강조했다. 그래서 잘 할 수 있다는 격려와 일을 맡을 수 있도록 지원해 줄 필요가 있다는 것이다. 물론 그런 논의 후 그 여직원에겐 새로운 일을 맡기도록 결정이 났으며 새로운 일을 잘 수행해 나갈 수 있도록 도와줄 다른 사람을 함께 그 나라에 보내기로 결정했다.

카네기멜론대 린다 밥콕 경제학 교수는 남성들이 여성보다 네 배는 더 연봉 인상에 대한 논의를 주도했다는 점과, 연봉 협상을 할 때 여성들은 남성들에 비해 30%는 덜 받겠다고 얘기했다고 한다. 영국의 맨체스터 비즈니스 스쿨 교수 또한 이러한 유사한 현상을 관찰했는데, 이는 여성들의 자신감 결여에서 왔다고 주장했다.

호주에 있는 동료는 정말 그 분야에서의 전문성은 자타가 공인할 정도다. 그는 경력 개발 논의 때 상사에게 이런 피드백을 들었다고 소개했다.

"당신은 지금까지 해 온 것과 같이 계속 더 잘 하면 되고, 단지 고치거나 개발해야 할 점은 자신감을 더 갖는 것이다."

당신은 어떠한가? 많은 능력 있는 여성 인력들이 더 고위직으로 올라가는 데 장애가 되는 것은 바로 자신감의 결여다. Atlantic 기사의 핵심은 이러한 자신감의 결여는 바꿀 수 있다는 점이다. 그것은 누구에 의해서가 아니다. 우리 여성들이 스스로 노력하고 보여 줘야 하는 부분이다.

편견으로 인해 차별대우를 받고 있는 사람들은 그렇지 않은 사람들과 비교할 때 자아존중감이 낮다. 이를테면 인종적 편견이 자리 잡고 있는 미국에서 백인들은 비교적 자아존중감이 높은 편이고 소수민족에 해당되는 스페인계 사람들은 자아존중감이 낮다.[•] 기성세대도 기존 관점을 바꾸는 데 노력해야 한다. 또한 이에는 시일이 걸릴지언정 우리 다음 세대가 주변의 편견으로 인해 자아존중감에 영향을 받는 것은 벗어나야 한다.

여기에는 이 시대 부모님들의 영향이 크다. 많은 부모들이 딸들을 보며 어릴 적부터 어른 말씀 잘 듣고 공부 잘하는 '착한 딸'로 자라기를 바란다. 어쩌면 학교에서는 똑똑하고 남학생들보다 더 먼저 성숙하다고 할지 모르지만, 모든 것을 잘 하는 착한 딸이 되고 나서는 정작 사회 생활에서는 어떻게 비쳐질까.

나는 여기서 좀 더 도전하고 싶다. 자신감이란 많은 세월 동안 축적되는 것이다. 때론 작은 일을 성공한 경험에서부터, 혹은 잘 되지 않아 실패했던 경험, 그리고 그 실패를 지혜롭게 이겨냈던 경험까지 모두 자신감으로 내재되는 것이다.

요즘은 여학생들이 남학생들과 어울려 수영, 축구, 농구, 달리기 등 운동장에서 땀 흘리며 운동하는 것을 보기 어렵다. 스포츠는 땀을 흘리며 팀워크를 다지는 것만이 아니라 운동하는 사이에 체력을 다지고 팀워크 속에서 협동, 이기는 법과 지는 법등 경쟁 속의 역학을 배운다. 그러한 경쟁을 통해 자신을 꿋꿋이 세우고 협력하고 협상하며 이

• 편견의 심리, 서창원, 김남일, 신세계커뮤니케이션즈, 2001

기는 법을 배우게 된다.

　아시아 지역 여직원들과의 세션에서의 결론은 여성들이 서로 손을 잡고 도와야 한다는 데 목소리를 모았다. 자신감을 북돋아 주고 서로에게 도전함으로써 다른 시각을 갖고, 새로운 용기를 낼 수 있는 힘이 되며, 서로 피드백을 주고받아 더 멀리 나아갈 지혜와 힘을 주어야 한다. 또한 여성이 자신감을 가지고 여성과 남성의 차이를 화합으로 만들어 가는 데 목소리를 높이고 힘을 모아야 한다.

미묘한 불평등을 넘어 포용으로

　듀폰에서는 직원들이 존중받지 못한 처우를 받았을 때 삼자 입장에서 객관적인 조사를 할 수 있는 절차가 마련되어 있다. 아시아에서 매해 수십 개의 불만사항이 조직 내 상사, 이메일, 전화, 핫라인을 통해 보고되는데, 직원들의 불만사항을 보고 그에 맞는 적절한 조사와 조치가 이루어진다. 여기에는 정말 사소한 것부터 복잡하고 민감하고 고질적인 문제, 때론 심각한 문제들도 있다. 하지만 매우 미묘하고 애매해서 꼭 짚기는 어렵지만 상대방의 기분을 상하게 하는 경우도 많다. 이러한 미묘한 갈등을 해소하고 한 단계 높은 존중하는 환경을 만들기 위해 소개한 개념이 미묘한 불평등Micro inequities이다.

　미묘한 불평등은 1973년 MIT 메리 로우 박사●가 연구 발표하면서 세상에 알려지기 시작했다. 미묘한 불평등은 개인이 인종이나 성별에 의해 무시되거나 혹은 깎아내려지거나 소외되는 경우를 가정하여 일컫는 이론이다. 사내 교육을 할 때도 개념 자체가 많이 알려져 있지 않아 직원들 간에 이해하는 데 시간이 걸렸었다. 개념이 미묘하고 또한 무의식적으로 발생하는 경우라, 특히 무엇이든 신속하게 행동하는 한국인으로서는 익숙지 않은 개념이다.

성인은 하루에 200~400개의 아주 작은 메시지, 즉 언어적 혹은 비언어적인 신호를 보낸다. 우리가 사용하는 언어뿐 아니라 얼굴 표정, 제스처, 목소리 톤, 단어 등이 나도 모르는 사이에 상대방에 대한 표현으로 나타난다. 우리가 의견을 주고받는 사이에 바로 지금도 인식하지 못한 채 미묘한 표현들이 일어나고 있다.

미묘한 불평등을 드러내는 행동은 어떤 것이 있을까. 높은 지위에 있는 인사가 회사를 방문했을 때 내부 팀들을 소개하면서 몇몇 직원만 소개하고 구석에 있어서 잘 안 보이거나 혹은 주니어에 속하는 일부 직원들은 소개하지 않는 경우가 종종 있다. 또 아침에 출근하여 팀원들과 차 마시는 시간을 갖거나 식사시간에 맞춰 나갈 때 몇 명하고만 가는

● Rowe, Mary, "The Minutiae of Discrimination: The Need for Support," in Forisha, Barbara and Barbara Goldman, Outsiders on the Inside, Women in Organizations, Prentice-Hall, Inc., New Jersey, 1981, Ch. 11, pp. 155-171.

Rowe, Mary, "Barriers to Equality: the Power of Subtle Discrimination," The Employee Responsibilities and Rights Journal, June, 1990, Vol. 3, No. 2, pp. 153-163

Rowe, Mary, "Micro-Affirmations and Micro-inequities" in the Journal of the International Ombudsman Association, Volume 1, Number 1, March 2008. http://ombud.mit.edu/sites/default/files/documents/micro-affirm-ineq.pdf

Rowe, Mary, "Unconscious Bias: May Micro-Affirmations Provide one Answer?" in Commentary, http://mitsloan.mit.edu/iwer/posts/unconscious-bias-may-micro-affirmations-provide-one-answer-2/

경우가 있다면 그 그룹 안에 있지 않은 직원들은 어떤 생각이 들까. 왠지 소외된 듯한 느낌, 중요하지 않은 일원으로 느껴질 수도 있고, 의도와는 다르게 기분이 상할 수도 있다.

신입사원이나 외부직원과 회사에 대한 논의를 할 때 본의 아니게 회사에서만 사용하는 용어를 무의식적으로 사용하게 된다. 이런 경우 정말 사소한 부분이지만 그 용어들을 이해하지 못하는 사람인 경우는 함께 소통하지 못한다는 생각을 할 수도 있다. 그 외에도 일단 여성들이 많이 참여하는 직종의 경우, 자연스레 She로 언급하는 경우도 그렇다.

또한 그룹 내 토의를 할 때 한두 사람과 눈을 마주치며 얘기하거나 등을 돌리면 나머지 사람들은 그 대화에서 소외되게 된다. 다른 시간대에 근무할 경우 본인의 시간대에만 맞춰 회의 시간을 설정하는 경우(금요일 미국에서의 아침은 대부분의 아시아 나라에서는 금요일 늦은 저녁이다), 어떤 경우는 회의 시간이 금요일 저녁이며, 불과 에어컨이 꺼진 사무실에서 혹은 주차장 차 안에서 회의를 해야 된다고 상황을 설명했음에도 회의 시간을 바꾸지 않는 경우도 있다. 이는 의도하지 않았지만 상대방의 상황을 잘 모르기 때문에, 내 상황이 아니기 때문에 잘 인식하지 못해서 발생하는 경우다.

의도적이든 의도적이지 않든 우리가 보내는 작은 메시지 속의 미묘한 차이로 기분이 상하거나 불편한 경우가 있다. 미묘한 불평등은 의도적인 행동과 언어에서 나오는 경우도 있으나, 무의식적으로 의도하지 않고 인식하지 못한 채 나오는 경우도 많다. 그래서 사람들이 살짝 기분이 상하거나 싫은 정도에서 끝나는 경우, 혹은 그러려니 하고 문제제기조차 하지 않고 넘어갈 가능성이 많다.

이러한 사례들이 반복적으로 일어난다면 무언가 불편하고 조직 내 부정적인 정서를 만들어 낸다. 그리고 그들은 가치 있는 존재로 여겨지지 않았다고 생각하거나 자긍심에도 영향을 미치고, 동기 저하와 자신감 상실에까지 영향을 미친다. 그렇다 보니 생산성과 대인관계도 긍정적이지 않게 된다. 팀 내에서는 다양한 아이디어를 내거나 표현할 의지도 떨어지게 되는 등 크게 드러나지 않지만 상당히 많은 영향을 미칠 것은 자명하다.

흥미롭게도 이러한 미묘한 불평등에 대해 직원들에게 교육을 하고 경험을 터놓고 얘기하고 인지하고 나서 직원들의 불만 접수가 많이 줄어들었다. 이렇듯 직원들이 좋은 환경에서 일할 수 있는 문화를 만들기 위해서는 우리 주변에 내재되어 있는 미묘한 불평등에 대해 인지하고, 각 개인별 행동에 대해 주지하여 미묘한 불평등을 줄여가는 노력이 필요하다. 미묘한 불평등에 대해 열린 대화를 하며 줄여갈 때 서로 더 존중하고, 다름을 인정하고 포용하는 문화를 만들 수 있다.

다양성과 포용을 문화 속으로

가끔 만나는 분들로부터 "올해 인사 트렌드는 어떻게 됩니까?" "올해 뜨는 건 뭐가 있을까요?"라는 질문을 받는다. 트렌드는 한번 붐이 일었다가 언제 그랬냐는 듯이 가라앉고 만다. 다양성과 포용은 단순한 이벤트가 아니다. 그런 면에서 천천히 혹은 좀 느리게 진행되는 것이 꼭 나쁜 것만은 아니다. 하지만 잊지 말아야 할 것은 이것이 지속적으로 진전이 있어야 한다는 점이다. 조직의 몰입과 함께 실천의지도 있어야 하고, 지속적으로 끌고 나갈 수 있는 힘도 있어야 할 뿐 아니라 조직의 취지와도 맞아야 한다.

그런데 많은 회사들이 다양성에 대한 노력을 단순한 숫자게임 혹은 경쟁으로 본다. 올해는 몇 퍼센트가 늘었고, 어떤 성과가 있었고, 이러다 보니 상징적인 승진도 나오고, 정작 한두 명의 여성 리더들은 있으나 전체적인 체계가 잡히지 않은 문제점들이 나타난다. 자칫 다양성과 포용에 대한 노력들이 쿼터세노에만 중점적으로 맞춰진다거나,

한두 명의 리더들을 채용한 후 다 된 것처럼 생각해서는 안 될 일이다. 이러한 면으로 볼 때 다양성과 포용은 앞서 언급한 존중의 가치처럼 사내 문화와 접목되어 지속적인 노력이 취해질 때 진정한 효과를 볼 수 있다. 또한 다양성과 포용 또한 존중이라는 가치가 뒷받침될 때 더 빠르고 강력하게 자리잡을 수 있다.

듀폰에서는 다양성과 포용을 별도 프로그램으로 운영하지 않았다. 앞서 언급한 존중을 기반으로 그 토대 위에 다양성과 포용을 함께 강화해 나가는 방법을 택했다. 다년간 운영해 본 경험으로 그래서 더 효과가 있었다.

많은 경우 인사프로그램을 실시할 때 각각의 프로그램을 개별적으로 돌리다 보니 인사팀에서만 중시하는 프로그램이 되고, 직원들이 받아들일 때 의미 있게 느껴지지 않은 경우가 많다. 존중에서도 각 개인 스스로를 가치 있게 여기며, 개별적으로 내는 아이디어에 귀를 기울이고, 개인이 지니고 있는 독특한 개성을 존중하고 시너지를 내도록 강조한다. 이것은 또한 다양성과 바로 연결되며, 이러한 다양한 면들이 편안하게 드러나고 받아들여지는 포용을 기반으로 새로운 비즈니스적인 아이디어로 재생산될 때 그 효과가 드러나는 것이다.

또한 다양성과 포용은 매일 비즈니스 결정을 내리고 시장에서 혁신적인 아이디어를 기반으로 성장 문화를 만드는 데도 근간이 된다. 최근의 경제상황을 보면 정말 그 속도가 과거와는 너무 다르게 빨라져 간다. 그러다 보니 조직적으로 경제적으로도 그 기대치가 갈수록 높아지고 경쟁적이 될 수밖에 없다. 현재 상황에 머물러 있는 조직은 생존에서 살아남기 어려울 뿐 아니라, 경쟁자보다도 생산성이나 이득면에서 지속적으로 나아지지 않으면 경쟁에서 뒤처질 수밖에 없다.

　그런 차원에서 본다면 건실하고 창의적인 아이디어는 항상 시장에서 성공하기 위해 필요한 것이며, 이러한 창의적이고 혁신적인 아이디어는 같은 생각을 하는 같은 팀에서는 창의성의 한계가 있다. 다양한 배경을 가진 팀에서 다양한 아이디어가 나오며, 다양한 배경을 가진 인재를 필요로 하게 된다. 글로벌 경쟁을 하기 위해 다양한 시장의 문화적 배경을 이해하고 영향력을 행사할 수 있는 인재들이 필요한 이유다. 다양성과 포용은 단순한 트렌드가 아니라, 이제 회사의 비전을 실현하는 데 없어서는 안 될 비즈니스의 필수요소다.

　다양성과 포용이 빛을 발하기 위해서는 존중이 근간으로 깔려 있어야 하며, 존중이 비즈니스 측면에서 더욱 빛을 발하기 위해서는 다양성과 포용이 뒷받침되어야 한다. 이러한 부분들이 조직 내에서 실질적인 이득으로 오기에는 문화로 각 직원들의 마인드에 자리잡고 행동으로 보여지지 않고서는 진정으로 발휘되고 있다고 얘기하기 어려운 까닭이다.

Key Learning

1. 모든 사람이 편견을 가지고 있다.

2. 내가 갖고 있는 편견을 인정하고 들여다보자. 때론 주변의 피드백이 보이지 않는 나의 편견을 파악하는 데 도움이 된다.

3. 채용, 핵심인재 선발, 성과관리 프로세스, 매니저 교육 등을 통해 시스템적인 편견을 줄이려는 노력은 포용하는 문화를 가속화한다.

4. 의도적이든 의도적이지 않든 우리가 보내는 미세한 작은 메시지가 사람들을 미묘하게 불편하게 만들 수 있음을 인식하자.

5. 주변에 내재되어 있는 미묘한 불평등을 인지하고 줄여가는 노력으로 포용적인 환경을 만들자.

6. 다양성을 포용하는 문화를 만드는 데는 일관된 포용적 리더의 행동이 강력한 변화의 힘이다.

7. 다양한 배경을 가진 팀에서 혁신적인 아이디어가 나오며 이는 기업의 경쟁력 강화로 이어진다.

8. 다양성과 포용은 기업의 존중하는 문화와 지속적인 성장을 위한 근간이 된다.

듀폰의 조직문화
구축 노하우

다년간 다국적기업에 몸담고 있었지만 가슴 깊이 한국이 성장하고 한국 기업이 세계로 뻗어 나가야 한다는 믿음을 갖고 있다. 유수의 국내 기업들이 글로벌 기업으로 발돋움하고 있으니 우리의 저돌적인 성장의욕과 성취욕으로 더 많이 세계로 쭉쭉 뻗어 나갈 것이다.

　여기서 특히 중시되어야 할 것은 조직문화다. 조직문화 속에서 직원들은 회사에서 요구하는 행동방식에 대해 암시적인 메시지를 인지하고 배우며 강화해 나간다. 서로 다른 직원들을 하나로 강하게 묶어 나아갈 방향을 제시하는 것이 문화의 영향력이다. 일관되고 시스템적인 조직문화 구축은 글로벌하게 급변하는 환경에서 지속적 성장을 위한 필수 요소다.

　모든 조직에 그들만의 핵심가치가 있듯 듀폰에서는 모든 직원들이 공유하는 가치를 기반으로 직원들이 행동에 옮길 수 있는 다양한 방법이 내재화되어 있다. 가령, 안전에 대한 필요성만 인식하는 것이 아니라 안전하지 않은 상황이 되면 자신이 불편하고 나도 모르게 그 불안전함을 고치고자 하는 행동을 하는 것이 내재화된 상태다. 이러한 가치는 안전뿐만이 아니라 존중도 마찬가지다. 직원들의 행동 깊숙이 내재화된 문화가 바탕이 될 때 직원들이 그 회사를 선택하고, 머물고 싶고, 성장에 기여하고 싶어할 것이다. 나의 경험으로 느낀 듀폰의 조직문화 구축 노하우를 간략하게 소개한다.

최고경영자의 핵심가치에 대한 의지

많은 회사들은 초장수기업의 변함없는 핵심가치로 일관된 조직문화를 만들어 온 것을 벤치마킹하러 듀폰을 찾곤 했다. 그런 다양한 회사들과 핵심가치의 확산 및 조직문화 형성에 대한 논의를 할 때 항상 느끼는 것은 최고경영자의 핵심가치에 대한 의지다. 조직문화에 조예가 깊은 많은 학자들 또한 리더가 조직문화에 미치는 영향을 강조한다. 왜냐하면 리더들이 문화를 정의하고 만드는 과정에서 가장 핵심적인 역할을 하기 때문이다.

리더들의 행동과 말은 문화가 형성되고 전파되는 중심에 서 있다. 200년이 넘는 역사, 20번째 CEO를 맞은 듀폰은 단 한 번도 핵심가치에 대한 변화가 없었다. 경기가 안 좋아 위기상황에 있거나 회사 일부가 분사 혹은 인수를 하는 큰 변화가 있더라도 핵심가치에 대한 조직의 중요도는 항상 최우선 순위였다. 이러한 변함없는 가치, 그리고 중요도에 대한 인식, 리더들의 솔선수범 등 기나긴 세월 동안 변함없는 일관성을 지켜온 것이 듀폰의 핵심가치와 조직문화의 비결이다.

캐나다 기업문화 조사 응답자에 따르면, 무엇이 조직의 기업문화를 진화시켰느냐는 질문에 2011년 조사 응답자의 92%는 현재의 리더가 가장 큰 요인이라고 답했다.● 즉 아무리 과거에 좋은 문화를 쌓아왔다고 하더라도 현재의 리더가 그 조직문화의 주요 요소들을 인정하고 개선하고 확산하지 않으면 어느 순간 그 맥이 끊길 수 있다.

● 위대한 기업을 만드는 힘 컬처커넥션, 마티 파커, 재승출판, 2013

CEO가 바뀔 때마다 핵심가치가 바뀌며 변화에 적응해 나가야 한다는 타 회사 담당자의 고민을 듣다 보면 최고경영자들의 높은 의지가 일관된 조직문화의 가장 큰 핵심임을 새삼 깨닫는다. 존중에 대한 가치를 재강화하는 과정에서도 제일 첫 단계로 새롭게 업데이트된 존중에 대한 비전과 성의 능에 대한 리더들의 공약 선언이었다. 공약 선언 후 최고경영자의 의지를 보여 주기 위해 리더들이 사인한 사명서가 조직 내에 확산되고, 단계별로 내려오고, 또한 전체 직원 미팅이나 회의가 있을 때마다 핵심가치에 대해 우선순위가 있음을 강조한다. 최고경영자의 생각이 바뀌고, 핵심가치의 우선순위가 변한다면 조직문화의 지속성을 기대하기 어렵다.

듀폰은 다양성을 강조하면서 조직 상단에 있는 리더들을 공격적으로 영입하였다. 한 예로 사려 깊고 전략적인 한 새로운 리더는 남다른 결정 능력이 강점이었으나 조직 내 커뮤니케이션에 그다지 신경을 쓰지 않았다. 듀폰의 문화 중 하나가 투명하세 열린 커뮤니케이션이었으나, 새로운 리더는 그러한 문화에 대한 우선순위가 높지 않았다. 몇몇 직원들이 회사를 떠나고 팀원들과 의사소통할 시점을 놓치자, 조직원들의 반응은 너무나 빠르게 차가워졌다.

어떻게 커뮤니케이션하느냐에 따라 직원들은 존중받는지 아닌지를 가늠한다. 이처럼 외부에서 새로운 리더가 오는 경우, 그 리더의 문화 통합능력이 어느 정도인지 채용과정에서 더욱 민감할 필요가 있다. 조직문화를 끌어올리거나 변화시키고자 한다면 반드시 리더십을 빼놓을 수 없기 때문이다. 중요한 의사결정을 내리는 것도 리더이며 이러한 리더의 행동은 많은 직원들에게 노출된다. 리더가 원칙을 어떻게 지키느냐에 따라 직원들은 본능적으로 배운다.

만일 조직 매니지먼트에서 새로운 리더를 외부에서 채용하고 이 리더들이 조직의 전반적인 사항을 리드한다면, 새로운 리더와 기존 핵심가치의 행동규범이 일치하거나 빠른 시일 내에 융합되도록 해야 한다. 리더가 고객과 문제가 발생했을 때 혹은 비즈니스 성과를 높이기 위해 핵심가치와 오랫동안 유지해 온 회사의 행동규범을 지키지 않는 모습을 보인다면, 오랫동안 쌓아 온 조직문화에 균열이 생기는 데는 놀랍게도 오래 걸리지 않는다.

어느 외부교육에서 한 참가자가 질문을 했다. 듀폰은 항상 원칙을 지킨다고 하는데, 만일 어쩔 수 없이 비즈니스 성장을 위해 원칙을 저버려야 한다면 어떡하겠냐는 거였다. 그때 강사로 있던 김동수 전 회장은 "어떤 이유에서건 원칙이 한번 꺾이면 그것은 원칙이 아니다"라고 대답했다. 조직문화는 생각보다 직원들의 마인드와 행동체계에 깊은 영향을 미친다. 회사가 급격한 변화를 거치면 오랫동안 유지해 온 조직의 철학과 가치가 녹아 있는 문화가 흔들릴 가능성이 높아진다. 기업의 생존과 성장을 위해 몸부림치는 사이에 비즈니스는 성장할 지언정, 자칫하면 문화 속에 녹아 있던 직원들의 가치관과 마음이 다치는 경우가 발생할 수 있다.

조직문화와 직원의 몰입도와 마음은 원칙처럼 All or nothing이다. 일관성이 떨어지는 모습이 보이고 그로 인해 조직의 마음이 흔들렸다면 갭을 메우기 위해 막대한 노력과 시간이 필요하다. 듀폰도 이제 거대한 변화의 소용돌이 앞에 놓여 있다. 2015년 12월 DuPont과 Dow

Chemical이 동등한 합병을 발표했고, 어떻게 그 합병의 그림이 그려질지 아직 미지수다. 지금까지 잘 이끌어 온 조직문화가 지속적으로 굳건히 자리 매김하길 기대한다.

높은 수준의 기준

듀폰의 핵심가치의 기준과 여정을 한눈에 보여 주는 것은 바로 듀폰 Bradley Model이다. 이 모델은 듀폰의 핵심가치 중 하나인 안전에서 나왔다. 조직문화 초반부터 어떠한 여정을 거쳐야 하는지 잘 보여 준다. 이 모델에는 크게 네 단계인 수동적Reactive, 의존적Dependent,

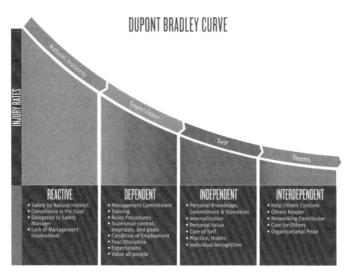

(듀폰 웹시이트)

독립적Independent, 상호독립적Interdependent 단계로 나뉜다. 의존적 단계는 조직 내 관리자들이 안전을 챙기는 것이다. 커뮤니케이션, 교육, 슈퍼비전을 함으로써 개인의 안전의식을 높인다. 독립적 단계는 직원 스스로 안전에 책임을 지는 것이다. 안전에 대한 중요성을 스스로 인지한다. 상호독립적 단계는 팀에서 주인의식을 가짐으로써 서로서로 안전을 챙겨줄 수 있는 단계를 뜻한다.

이 모델은 직원 교육과 커뮤니케이션 때 항상 공유하고 강조하는 모델이기에, 인간존중 핵심가치에 대한 재강화작업이 있을 때도 근간으로 삼았다. 인간존중의 경우도 이해, 믿음, 옹호지지단계로 장기적으로 변화하는데, 초점을 맞추었다.

첫 번째는 이해단계로 Bradley Model의 의존적 단계Dependent Stage와 같다. 이 단계에서는 개인별로 존중의 정의를 이해하고 인식하고, 또한 그러한 바람직한 행동을 보여 주기 위한 전반적인 이해도와 개인별 역량을 갖추는 데 초점을 맞추었다. 적절한 교육과 개발 과정이 수반되고 구성원들의 존중하는 행동이 조직의 일정한 의례로 보이도록 조직행동으로 표현되는 것이 첫 단계다.

두 번째는 믿음 단계로 이 모델의 독립적 단계Independent stage와 유사하다. 심리학자 윌리엄 제임스가 언급한 바와 같이, 습관은 사회의 '플라이휠Fly wheel, 관성'이다. 문화를 형성하는 데 우리는 유용한 행동을 가능한 많이 내재화하고 습관화하도록 만들어야 한다. 일상생활의 사소한 것들이 내재화될수록 조직은 더욱 높은 잠재력을 이용해 더 적합한 일을 할 수 있다.*

존중에 대한 개인별 가치를 인정하고 그에 따른 행동을 보일 수 있는 확신이 생길 때 존중의 행동을 개인별로 내재화할 수 있다. 개인의 말과 행동을 스스로 인지하고 주변 사람들에게 미치는 영향을 이해할 수 있다. 또한 지속적으로 좀 더 나은 모습이 될 수 있도록 성찰하고, 생각하고, 행동하고, 개선하는 노력이 이 단계에서는 나타난다.

다음은 아시아에 있는 각 직원들이 믿음 단계에서 조직 내 존중을 보이는 행동들이 뚜렷하게 보인다고 답변한 목록이다.

- ▶ 동료에게 정직하게 대하기
- ▶ 존중하는 근무환경을 만들기 위해 매일 함께 노력하기
- ▶ 긍정적으로 광범위하게 격려하기
- ▶ 존중하는 톤으로 긍정 언어 사용하기
- ▶ 이름을 부르며 웃으며 인사하기
- ▶ 긍정적이고 건설적인 피드백 주고받기
- ▶ 서로 도와주고 챙겨주기
- ▶ 개인적인 일에도 존중 보여 주기
- ▶ 모든 이의 의견에 열린 마음으로 대하고 항상 응대하기
- ▶ 잘 들어주기
- ▶ 항상 의견을 나누고 결정에 동참하기
- ▶ 의미 있는 칭찬하기
- ▶ 정기적으로 존중에 대해 팀 내에서 얘기 나누기

● Schein, Edgar H. The Corporate Culture Survival Guide, San Francisco:Jossey-Bass, 1999

가장 높은 수준은 세 번째 옹호/지지단계다. 이는 Bradley Model의 상호독립적 단계Interdependent Stage와 유사하다. 나 개인을 벗어나 우리 팀의 존중하는 환경을 눈여겨보며 좀 더 나은 환경이 될 수 있도록 팀이 함께 노력하는 단계를 뜻한다. 주변에 존중하지 않는 환경적 요인이 있거나 존중하지 않는 언행이 있을 때 즉시 피드백을 전하는 등 지속적으로 개선하기 위한 노력을 그룹단위로 하는 단계다. 이 단계가 될 때 진정으로 조직문화가 제대로 자리잡았다고 할 수 있다.

변화관리를 하는 도중에는 아시아태평양지역 직원들을 대상으로 각 조직별로 어느 단계에 있는지에 대한 인지도 조사를 하고 그 결과를 함께 공유하였다. 리더뿐 아니라 직원들도 그 결과를 인지하고 또한 주요 활동들을 공유함으로써, 베스트프랙티스와 함께 지속적으로 개선하려는 노력을 지원하여 더 나은 수준으로 이끌기도 했다. 이처럼 문화는 장기적인 시각에서 변화관리가 필요하다. 항상 조직이 정한 높은 수준의 기준을 중심으로 모든 구성원들을 한 방향으로 이끌어 가는 노력이 필요하다.

투명한 제도와 투명한 경영

리더십, 조직문화, 신뢰에 대한 애기를 할 때는 항상 투명성이 기반이 된다. 사람의 마음과 감정이 움직이기 때문이며, 숨기고 덮고 모호하게 하고 비밀로 하는 것이 있다고 생각되면 곧 투명성은 사라지고 만다. 듀폰의 커뮤니케이션 원칙은 투명한 제도에 투명하고 열린 커뮤니케이션이다. 핵심가치에 대해서도 원칙과 정책에 대해서 있는 그대로 직원들에게 공개한다. 투명성이 높으면 그만큼 신뢰 수준도 높아지고, 본인의 의견을 나타내거나 자발적 참여도도 높아진다.

핵심가치 교육을 할 때 원칙과 정책, 그리고 사건보고 절차에 대해 반복해서 직원들과 공유한다. 사건이 발생한 경우뿐만 아니라 Near Miss cases로 회사정책에 어긋날 정도의 사건은 아니지만 그러한 사건으로 직원들이 배울 점이 있으면 바로 직원들과 공유하고 서로 배운다.

신입사원 시절에 발생한 일이다. 한 직원이 복지프로그램의 혜택을 얻기 위해 동네 헬스클럽에서 간이영수증을 허위로 작성하여 비용 청구를 해 회사규정을 위반한 사례가 있었다. 그때 몇만 원밖에 안 되는 금액임에도 회사의 윤리기준을 지키는 것과 그 투명성에 놀랐던 기억이 있다. 모든 직원들에게 사례와 회사의 원칙, 그리고 결과와 배운 점에 대해 바로 직원들과 공유하였다. 예외없이 일관된 적용과 그러한 열린 커뮤니케이션을 통해 직원들은 회사의 기준과 기대치를 이해하고, 회사의 시스템과 운영방식에 대한 신뢰를 쌓아간다.

핵심가치 강화 교육

외부사람들이 듀폰의 문화 내재화 과정을 벤치마킹하고 직원들의 핵심가치 교육에 대해 듣고서는 그 방대한 교육에 놀란 표정을 짓는다. 듀폰에는 핵심가치에 대해 정기적인 교육을 실시하는데, 신입사원

교육, 일 년마다 전 직원 대상으로 실시하는 교육, 매니저가 미팅 시간을 이용하여 직원들과 단시간 내에 진행하는 교육 외에도 부서마다 간헐적으로 교육 및 커뮤니케이션이 이루어진다.

정기교육에는 회사 정책에 대한 이해뿐만 아니라 실제 일어날 수 있는 가능한 사례들을 놓고 직원들이 직접 논의하고 그 상황에서 본인의 행동, 바람직하고 바람직하지 않은 행동 등을 생각해 보는 토론에 많은 시간을 소요한다. 그리고 이러한 교육의 대부분은 아시아태평양지역 모든 국가에서 거의 동일한 내용으로 진행되어 나라마다 변동성의 가능성을 최대한 낮춘다. 물론 나라마다 강조해야 할 부분에 대해서는 추가로 포함하는 유동성을 갖는다.

핵심가치는 머리로만 이해해서는 의미가 없고 마음으로 받아들이고 행동으로 표현하도록 지속적이고 반복적인 언급이 필요하다. 이러한 정기적인 교육을 실시할 때도 담당자뿐만 아니라 리더들이 돌아가면서 교육을 진행한다. 리더들이 교육 내용을 이해하고 본인의 목소리로 진행하다 보면 주인의식을 갖고 직원들에게 역할 모델이 되어야 한다는 생각이 절로 든다. 리더가 직접 가르치는 것은 리더의 솔선수범을 보이는 데 매우 효과적이다.

또한 교육시간에 가장 많이 강조하는 것은 직원들이 핵심가치에 대해 편안하게 매니지먼트 및 상사에게 질문을 하도록 하는 것이다. 교육시간을 벗어나면 그냥 머릿속에서 지워지는 것이 아니라 일상생활에서도 궁금한 점이나 애매모호한 점 혹은 함께 논의하고 정리하며 더 이해할 수 있도록 하는 편안한 환경을 제공하는 데 있다.

교육에서 특히 중요한 대상이 신입사원과 매니저 그룹이다. 신입사원의 회사의 핵심가치와 문화에 대한 이해는 새로운 회사에서 성공 여부를 결정한다고 바도 과언이 아니다.

신입사원들의 교육은 회사 정책뿐만 아니라 구체적으로 기대되는 행동양식과 회사 내에서 일어날 수 있는 유사 사례를 중심으로 이해할 수 있는 방법을 강구해야 한다. 듀폰은 신입사원인 경우 오리엔테이션 시간에 핵심가치에 대해 4시간가량 집중적으로 교육하고 또한 상사가 핵심가치에 대한 기대치를 한 번 더 강조한다. 그리고 전 직원이 듣는 핵심가치 강화교육에도 함께 참여할 정도로 초기 강화작업을 적극적으로 한다.

다른 주요 교육 대상은 매니저 그룹이다. 듀폰에서 제공하는 리더십 양성 프로그램에는 핵심가치에 관한 세션을 항상 넣는 것을 원칙으로 한다. 세션마다 내용의 차이는 있지만 상사들이 보여 줘야 할 기대행동뿐만 아니라 직원의 질문이나 사건 보고를 했을 때 상사로서 어떻게 답변하고 처리해야 하는지에 대한 부분도 자세하게 다룬다. 또한 핵심가치에 대한 상사들의 의사소통의 중요성을 강조함으로써 핵심가치가 조직구조의 위로 올라갈수록 더욱 강화되고 내재화될 수 있도록 한다.

돌이켜보면 지속적인 교육은 모든 구성원이 같은 수준의 인식을 갖도록 함과 동시에 실천하는 동력이 되어 주었다.

지속적인 커뮤니케이션

2009년 듀폰코리아가 Best Employer로 뽑혔고, 외부에서 그 사례를 공유할 때였다. 나는 가장 먼저 호텔의 안전지도를 보여 주고 비상시 탈출 요령을 간단하게 소개했다. 시작에 앞서 진짜 안전지도로 안내하는 것을 보고 놀랐다는 참석자들이 많았다. 모든 미팅을 시작할 때 핵심가치와 관련하여 간단한 소개를 하는 것은 듀폰의 오랜 전통이다. 어떻게 조직의 모든 구성원들이 지속적으로 핵심가치를 인지하고 행동하고 또한 다른 사람들에게도 그렇게 표현할까.

듀크대 댄 에리얼리 교수는 『상식 밖의 경제학』의 저자로 우리나라에 잘 알려져 있다. 그는 인간행동에 대한 몇 가지 실험을 해 보았는데, 한 실험에서는 참가자들에게 시험을 치르게 하고 정답을 맞힌 문제들마다 돈을 받을 수 있도록 하였다. 많은 실험에서 그러하듯 실험의 취지는 밝히진 않았는데, 에리얼리 교수는 참가자들의 지식을 시험하려는 것이 아니라 윤리의식을 강조하는 것이 부정행위에 영향을 미치는지를 알아보려 하였다.

그는 참가자들이 상금을 타기 위해 부정행위를 쉽게 할 수 있도록 시험방법을 설정하였다. 시험을 치르기 전에 한 그룹에게 십계명을 기억나는 대로 써 보라고 했다. 놀랍게도 그 그룹에서는 한 명도 부정행위를 하지 않았지만, 다른 모든 그룹에서는 부정행위자가 있었다. 기준을 먼저 상기시켜 준 것이 커다란 차이를 만들어 냈던 것이다.

댄 에리얼리 교수의 실험 결과처럼 사람들에게 기준에 대한 지속적인 인지는 그 행의를 유지하는 데 중요하다. 구성원들의 뇌리 속에 각인이 되는 것이 중요하다. 또한 이러한 핵심가치에 대한 내용들이 리더뿐만 아니라 직원들도 리더십과 주인의식을 가질 수 있도록 디자인되어야 한다.

많은 국내 회사들도 핵심가치를 재정비하고 확산하는 작업을 대대적으로 한다. 이때 흔히 발생하는 실수는 회사에서는 핵심가치에 대해 구성원들에게 의사소통을 제대로 했다고 생각하나 그것이 제대로 전달되지 않는 데 있다. 또한 핵심가치에 대해 각기 다른 이해를 하고 있다는 점이다. 듀폰에서는 핵심가치에 대한 커뮤니케이션은 정말 타의 추종을 불허한다. 지속적으로 반복함으로써 뇌리에 박히고 그로 인해 내재화되는 것이다.

뇌는 기본적으로 사용하고 반복하면 할수록 뇌의 시냅스들의 연결이 강화되어 더욱 강화되고, 사용하지 않게 되면 점차 그 접촉성을 잃어가게 된다. 핵심가치에 대한 조직에서 요구되는 행동양식을 보고 듣고 따라하는 가운데 우리 뇌 속에서는 문화에 대한 시냅스가 만들어지고, 지속적이고 반복적인 커뮤니케이션과 강조에 의해 행동으로 보여지게 된다.

듀폰을 떠난 지금도 나는 차안에서 안전벨트를 매거나 혹은 계단을 내려갈 때 계단봉을 잡는 등 체화된 가치의 힘을 느끼곤 한다. 또한 존중하지 않는 언행을 보며 마음이 많이 불편하다. 이미 내 머릿속에는 안전이나 존중에 관련한 시냅스가 단단히 연결되어 있는 것이다. 듀폰에서는 이러한 강화작업들이 손쉽게 일어나도록 각 핵심가치별 홈페이지가 마련되어 있고 관련 비디오, 차트, 자료들이 잘 구비되어 있다. 이는 핵심가치를 구성원들이 십게 접근하여 소개할 수 있는 다양한 자료들을 공유하고 있는 것이다.

가령 파워포인트의 경우, 두세 장의 짧은 내용으로 간단하게 가치에 대해 리마인드하거나 토의하거나 서로 질의응답하는 형태로 되어 있다. 또 핵심가치와 회사의 역사와 연결시킴으로써 그 역사성과 지속성을 인지하도록 했으며, 자신의 경험담을 얘기하거나 관련된 책이나 속담, 격언을 통해 토의하는 경우도 있다. 이러한 자료들을 제공하는 것은 조직 내에 더 많은 사람들이 언제든지 핵심가치에 대한 내용을 응용하여 커뮤니케이션할 수 있게 한 것이다.

가장 훌륭한 배움은 스스로 가르쳐 보는 것이다. 핵심가치에 대한 리더십과 주인의식을 고취할 수 있도록 미팅에서는 리더뿐만 아니라 각 구성원들이 돌아가며 핵심가치에 대해 논하고 커뮤니케이션을 진행하는데, 이러한 지속적인 커뮤니케이션은 핵심가치의 높은 가치수준을 유지하는 효과적인 방법이다.

사건 사고의 공정한 조사와 처리

듀폰의 핵심가치는 예방에 중점을 두고 커뮤니케이션한다. 하지만 인간관계에서는 갈등, 오해, 크고 작은 사건 사고 등이 발생한다. 듀폰에서는 불편사항이 발생했을 때 스스로 해결하기 어려움이 있는 경우 삼자의 도움을 받아 중재하기도 한다. 먼저 상사나 인사팀, 재무팀, 매니지먼트팀에게 도움을 요청한다. 혹은 24시간 열려 있는 핫라인에 연결하게 한다. 이 핫라인은 각 나라별로 접속 번호가 있으며 기밀보장이 되도록 고안되었다. 직원들의 성숙한 의식을 고취하고 의문이 있을 때 자신감을 가지고 보고하게 하기 위함이다.

다양한 경로를 통해 직원의 보고가 접수되면 매니지먼트와 핵심가치 담당자, 인사 재무팀은 즉각 공정한 조사를 실시해 객관적으로 알게 된 내용을 중심으로 일을 처리한다. 또한 조사 결과에 대해서는 보고한 직원과도 공유함으로써 회사와 직원 간의 투명한 커뮤니케이션과 핵심가치에 대한 바른 이해를 할 수 있도록 한다.

직원 참여도 높이기

듀폰에는 직원들이 함께 참여하는 활동이 많다. 본인의 업무 외에도 다양한 활동에 참여함으로써 회사의 핵심가치를 자연스레 배우고 주인의식을 갖도록 하기 위함이다. 나는 입사한 지 몇 년 되지 않아 한국 내 안전위원회 리더를 맡았다. 직원 몇 명과 함께 일 년간 사무실, 운전, 사무실 밖의 안전에 대해 책임지고 다양한 프로그램을 운영했다. 이러한 활동을 통해 직원들은 안전에 대한 시스템을 이해하고, 스스로 리더십을 보일 수 있는 주인의식을 고취한다. 뿐만 아니라 이 위원회는 자기 일 외에 리더십을 발휘할 수 있는 기회와 네트워크에도 도움이 되는 등 조직문화 형성과 직원 개발에도 큰 효과가 있다.

당시 우리 팀에서 만든 것은 사무실 나들목에 안전 볼록거울을 설치하는 것이었다. 반대쪽에서 뜨거운 차를 들고 오는 사람을 미처 보지 못하고 부딪칠 수도 있는 사고 가능성을 예방하자는 것이있다. 이 볼록

듀폰 코리아 사무실 내에 설치되어 있는
안전 볼록거울

거울은 아직도 듀폰코리아의 안전사례로 소개되고 있다.

핵심가치 직원위원회는 나라별 혹은 공장별로 조직하여 운영하도록 되어 있지만, 비즈니스나 지원부서에서 별도로 조직하여 자체 운영하기도 한다. 다양한 그룹 활동은 직원들의 네트워킹, 리더십 함양, 커뮤니케이션 능력 향상, 핵심가치에 대한 주인의식 함양 등을 목표로 하고 있다.

조직문화를 형성하고 강화하는 데 직원들의 참여는 필수적이다. 존중을 강화하는 과정 중에 가장 성공적인 변화관리법 중 하나도 직원들의 참여를 고려한 Advocate 네트워크였다. 각 나라, 각 지역별로 모범이 될 만한 다양한 직급의 직원들이 한데 모였다. 이들이 존중을 강화하는 총대를 멘 것이다. 각자는 본인의 역량과 관심에 따라 교육이나 존중에 대한 기뮤니케이션을 담당했다. 혹은 사무실과 공장 고위관리자들과 상의하여 다양한 변화관리 프로그램을 리드하기도 했다. 또한 직원들의 불편사항을 직접 Advocate에게 가서 미리 상담을 받기도 하고, 사내 정책이나 절차를 물어보기도 하고, 본인의 상황에 대한 객관적인 다른 시각을 받는 데 도움을 받기도 한다. 이들은 업무 외의 일이었으나 이 역할을 매우 의미 있는 자기 개발 기회로 받아들였다.

Advocate는 다음과 같은 기준을 중심으로 선발한다.

▶ 열정적이며 높은 동기
▶ 직원들이 편안하게 다가갈 수 있는 사내 접근성
▶ 변화를 소개하고 감화를 줄 수 있는 커뮤니케이션 능력
▶ 직원들의 기밀사항을 잘 지켜줄 수 있는 기밀유지
▶ 타고난 신뢰성
▶ 조직 내 역할 모델
▶ 권위 앞에서도 당당하게 원칙을 얘기할 수 있는 자신감

이 선발기준은 투명하게 직원들에게 공개되었고, Advocate로 선발되면 공개적인 조직 커뮤니케이션을 통해 모든 직원들이 알도록 적극 홍보한다.

이러한 프로세스에는 다양한 긍정효과가 있다.

첫째, 자신이 Advocate로 선발된 것만으로도 자부심을 갖는다. 존중의 상징적인 역할모델이라고 여겨 그 자체를 진정한 인정이라 여긴다.

둘째, Advocate의 기대치에 맞게 자신을 단련해 나가야 한다는 점에서 동기부여 효과를 지닌다.

셋째, 자연스럽게 다양한 직원들과 관계를 맺고 영향력을 발휘하는

리더십과 소통능력을 함양할 수 있는 역량 개발의 좋은 기회가 된다.

일단 Advocate로 선정되면 그에게 역할을 할 수 있도록 교육을 진행한다. 회사 정책, 그들의 역할 및 책임, 직원들과의 대화기술, 케이스 스터디 등 실질적인 역량을 쌓을 수 있도록 지원한다. 각 나라별 Advocate들은 정기모임도 갖는다. 이 모임에서 전 세계적 혹은 아시아에서 진행되는 주요 업데이트와 각 사이트별로 진행되는 프로그램, 본인들이 직접 겪은 경험담을 나눈다. 실제 직원들에게 어떤 고민이 있고, 자신들이 어떻게 도움이 되며, 그때는 어떤 질문, 어떤 프로세스, 어떤 조언들을 했는지 공유하여 배움과 성장 기회가 되도록 돕는다.

그들은 자신의 행동과 언어에 대한 성찰할 수 있는 기회를 가질 뿐 아니라 직원들과의 관계에서도 더 많은 애정을 갖게 된다. 또한 직원들을 먼저 찾아가 면담을 하다 보니 직원들의 신뢰와 존중으로 자신의 리더십 개발에 소중한 기회가 된다.

한편, 무엇보다 Advocate 네트워크는 조직문화로 풍성하게 하는 데 큰 효과를 보인다. 각 나라의 Advocate들과는 물론이고 직원들 간의 네트워크와 관계도 돈독해질 수 있다. 그래서 Advocate들은 자기 의지에 따라 다양하고 창의적인 프로그램들을 실시한다. 아직도 기억에 남는 프로그램들이 있다.

▶ 각 조직별 중점 면담시간을 가져 조직의 전반적인 가치와 몰입에 대한 좋은 기반 쌓기
▶ 존중의 의미를 고취시키기 위해 많은 사람들이 참여할 수 있는 포스터 콘테스트 진행

▶ 직원들의 사기를 높이기 위해 창의적이고 재미있는 비디오를 찍어서 공유

▶ 매일 직원들의 출근시간에 상사들이 직접 나와 복도에 빨간 카펫을 깔고 칭찬 릴레이 실시

Advocate들의 왕성한 의욕과 창의적인 활동 내역을 보면서 누군가에게 인정받고 자신이 기여할 수 있다는 것이 더 새로운 의욕을 자극한다는 것을 새삼 느꼈다.

조직문화의 측면에서 Advocate의 결정적인 역할은 직원들의 고충을 비공식적으로 들어주는 기능에 있다. 직원들이 고민이 있거나 불편한 점이 있을 때 상사를 찾아가거나 인사부를 찾아가면 왠지 고민과 불만 등이 공식화된다고 생각하여 문제가 곪을 때까지 안 가는 경우가 있었다. 그래서 직원들이 좀 더 편안한 상태에서 고민과 불만사항을 들어주고 해결할 수 있는 다양한 방법에 대해 알려줌으로써 직원들이 스스로 선택할 수 있도록 도와주는 역할을 했다. 이러한 중간 단계 역할이 직원들의 불만사항이나 관계에서 발생할 수 있는 문제들이 지혜롭게 해결되어 좀 더 존중하는 문화를 만드는 데 기여를 했다고 생각한다.

또한 다양성과 포용을 확대하는 Diversity & Inclusion Champion이라는 네트워크가 있다. 각 조직별로 성과가 좋고 또한 리더로 성장 가능성이 있는 인재들을 중심으로 다양성과 포용을 직접 리드하고 실행하는 역할을 하는 것이다. 회사의 CEO가 직접 임명하며, 이들은 일 년 동안 글로벌 리더들과 함께 다양성과 포용에 대한 전략 수립에서부터

실행에 이르기까지 적극적으로 참여한다. 이들의 역할은 각 부서의 독특한 상황과 진도에 맞게 유연하지만 지속적인 변화를 추구하는 데 기여했다. 이러한 직원들의 참여를 높인 다양한 활동은 직원의 가치에 대한 주인의식과 내재화에 많은 도움을 주었다.

지속적인 평가시스템과 개선 노력

존중하는 문화를 형성하고 강화해 나가는 데는 문화가 어디에 와 있는지에 대한 측정지표가 도움이 된다. 그리고 일관되고 정기적인 측정, 경과보고, 그에 따른 개선노력들이 함께 동반되어야 한다. 듀폰은 각 핵심가치별로 상세한 지표가 있다. 이 지표는 모든 미팅에서 전 직원들에게 투명하게 공유된다.

존중에 대한 부분에서는 문화를 긍정적으로 변화시키는 선행지표들도 포함되어 있다. 직원들의 교육률, 직원들의 불만건수 접수율, 정기적으로 실시한 서베이 만족도 등도 들어간다. 이 외에도 글로벌하게 직원들의 몰입을 측정하기 위해 설문조사를 매년 실시하고 있다. 여기에 들어가는 대다수의 질문이 사실은 존중과 문화와 함께 고성과 조직으로 가는 길에 대한 질문들이다. 이 설문조사 결과는 모든 직원들에게 공개된다. 뿐만 아니라 직원들이 현재 어떻게 느끼고 있으며, 지난해 대비 어떤 부분이 개선되었고, 어떤 부분에 노력을 해야 하는지 직원들과 토론을 한다.

실질적으로 팀들이 진행해야 하는 실행 계획은 팀원들이 함께 논의해서 정하고 일 년 동안 개선 노력을 하도록 권장한다. 이러한 결과와 실행계획은 조직 차원에서의 리더십 평가 혹은 개발계획에도 의무적으로 넣도록 하고 있다. 현재에 만족하지 않고 지속적인 직원의 피드백을 기반으로 더 존중하는 환경을 만들기 위해 모든 조직원이 함께 끊임없이 노력하는 것이다.

존중, 포용하는 문화가 해답이다

존중은 회사에 몸담고 있을 때도 일과 나의 삶에 매우 큰 영향을 미친 소중한 가치였지만, 회사 밖의 세상에서도 존중의 의미, 효과, 힘이 절실하게 필요함을 더 깨닫고 있다.

최근 코칭을 하며 다양한 고객들을 만나고 있다. 고객들은 자기 내면의 소리에 귀 기울이며 자신의 있는 그대로의 모습을 인정하고 자신의 길을 찾아간다. 그들은 진정으로 존중받았다고 생각할 때 마음을 열고, 에너지를 얻으며, 다양한 시각에 자극받고 성장하며, 그것을 포용할 때 자신의 문제에 대한 해답을 얻는다.

사람들이 존중에 대한 욕구를 느끼고 다양성과 포용에 대한 단어들이 언급될 때마다 무척 반갑다. 진정 우리가 삶에서의 품격이 올라가고 또한 서로의 역량과 경쟁력을 높이는 데 꼭 필요한 것이라고 여기기 때문이다.

기업은 앞으로 계속 더 적은 인원과 수평적인 구조 속에 더 높은 성과를 지향하고, 치열한 경쟁을 해 나갈 것이다. 기업의 본성과 치열한 경쟁에서 살아남으려면, 조직은 각 개인의 능력이 최대한 발휘되고, 조직원들이 오래도록 조직에 머물며 기여할 수 있도록 환경을 만들어나가야 한다. 이러한 환경이야말로 조직의 지속가능성을 높이는 힘이다.

존중은 조직의 지속가능성을 높이는 결정적 해답이다. 존중은 모든 관계의 기본이다. 또한 사람들의 가치를 인정하고, 그들의 경험과 새로운 아이디어를 공유할 수 있게 하며, 함께 성장하고 행복할 수 있게 하는 기반이기도 하다. 조직이 직원을, 리더가 구성원을, 동료가 동료를 존중할 때 서로의 다름을 인정하고, 포용하며, 새로운 가치를 창출해 나갈 수 있다. 그리고 그 중심에 다름에 가치를 두고 포용하는 존중이 있다.

존중은 단순히 가벼운 말로써 표현되는 것이 아니다. 진정한 존중은 상대방을 이해하고 연결하고 지원하고자 하는 의지의 표현이고, 당연히 상당한 노력이 필요하다. 그리고 개인과 팀의 노력이 쌓여 문화로 형성된다. 다양성과 포용 그리고 존중을 함께 모아 각 구성원에게 내재되고 집단의 문화가 되었을 때 진정 그 힘을 발휘한다.

이러한 존중의 가치를 인식하고 조직 내에서 다름을 인정하고 포용하며 존중하는 환경을 만드는 데 동참한다는 건 개인의 삶에 있어서도 의미 있는 일이며 긍정적인 영향을 미칠 것이다. 이는 개인에 한정된 것이 아니라 팀과 조직에도 마찬가지다. 존중하는 문화를 만드는 과정에 최고경영자와 리더들은 핵심 역할을 한다. 최고경영자가 본인의 일이라 생각지 않고 앞장서서 존중을 보이지 않는다면 조직 구성원이 이를 따를 리 없다. 그들이 존중에 대한 기준과 원칙을 지키고 투명한 의사소통 그리고 행동에 모범을 보일 때 그 힘이 배가 된다.

그리고 존중으로 가는 길, 문화로 내재화하는 것을 단기적이며 장기적인 시각에서 동시에 접근할 것을 추천한다. 문화라는 것이 몇 달간의 노력으로 탈바꿈될 수 있는 것이 아니기에 일관적이며 시스템적인 다양한 접근방식이 필요하다. 이에 조직문화, 인사 담당자들은 다양한 접근방법, 지속적인 커뮤니케이션, 장·단기적 실천전략 등을 함께 고려해야 한다.

이 책에서 소개한 다양한 사례와 방법들이 조직문화를 만들어 나가는 데 실질적인 참고가 되길 바란다. 진정 다양성과 포용을 기반으로 한 존중하는 문화의 힘은 기업의 경쟁력을 높이고 지속가능한 성장을 돕는다. 그리고 이러한 문화가 뿌리 내릴 때, 우리는 다양한 아이디어를 자유롭게 나누며 함께 성장하는 열린 문화로 세계 속에 뻗어가는 한국 기업으로 성장해 나갈 것이다.

나는 존중의 힘과 효과들이 우리 기업과 사회 그리고 가정에 뿌리내리길 소망한다. 다름을 인정하고 감사하는 존중을 기반으로 다양한 시각을 포용하며 문화로 다져갈 때 우리 본연의 모습에 솔직해지고 더욱 강해질 것이다.

이 책으로 이제 건강하게 잘 말린 존중의 씨앗을 심고 흙을 살포시 덮었다. 당신이 이 책의 내용에 애정을 갖고 실천해 나간다면 그 씨앗이 새싹이 되어 곧 머리를 내밀 것이고, 세상의 생명수生命樹로서 꽃과 열매를 맺을 것이다.

내게 많은 경험과 성찰, 그리고 배움을 나눠 준 듀폰의 동료들에게 감사한다. 그들 모두의 미래에 존중과 행복이 충만하길 기원한다. 또한 이 글을 정리하는 동안 묵묵히 지켜봐 주고 응원해 준 가족에게도 따뜻한 감사의 마음을 전한다.